Mühsam – aber nicht unmöglich

Marion Mebes (Hg.)

Mühsam – aber nicht unmöglich

Reader gegen sexuellen Mißbrauch

Donna Vita

Die Deutsche Bibliothek – CIP-Einheitsaufnahme
Mühsam – aber nicht unmöglich : Reader gegen sexuellen Mißbrauch / Marion Mebes (Hg.). – Berlin : Donna Vita, 1992
ISBN 3-927796-23-9
NE: Mebes, Marion [Hrsg.]

Willibald-Alexis-Str. 1, D – 1000 Berlin 61

1. Auflage 1992

Lektorat: Andrea Krug
Gestaltung: Dagmar Schadenberg
Druck: Clausen & Bosse, Leck

Vielen Dank an Anne Schütte und an alle Autorinnen, die die Texterfassung geleistet haben.

Inhalt

Marion Mebes

Wie alles begann

Ich fühlte mich allein mit den erlebten sexuellen Übergriffen und den Emotionen, die diese bei mir ausgelöst hatten, wußte nicht damit umzugehen. Noch Jahre später war es mir nicht möglich, diese Ereignisse einzuordnen und deren Bedeutung für mein Leben zu ermessen. Anderen Frauen, die in ihrer Kindheit sexueller Gewalt ausgesetzt waren, ging es ebenso.

Doch diejenigen von uns, die an ihrer Situation etwas ändern und den Opferstatus beenden wollten, fanden sich mit leeren Händen wieder. Wir hatten den sexuellen Mißbrauch unserer Mädchenzeit überlebt. Doch es gab vor zehn Jahren, als wir begannen, danach zu suchen, keine Hilfsangebote, die uns dabei unterstützten, das Leben (wieder) zu lernen. Wir haben aus der Notwendigkeit des Augenblicks heraus gehandelt und halfen uns selbst.

Zehn Jahre ist es her, daß die ersten zaghaften Schritte getan wurden; ein würdiger Anlaß, diese Zeit noch einmal vorüberziehen zu lassen. Angetreten waren wir damals, Licht in unsere persönliche Geschichte zu bringen. Was wir damit außerdem ins Rollen bringen würden, haben wir in den Anfängen nicht geahnt.

Viele Überlebende haben in diesen Jahren wichtige persönliche Veränderungen durchgemacht. Waren es anfangs noch zaghafte Gehversuche wie auf dünnem Eis, so haben wir uns inzwischen doch so viel festen Boden erobert, daß wir mit entschlossenen Schritten weitergehen können. Wir haben nicht nur uns mit der Grausamkeit sexueller Gewalt konfrontiert, sondern auch die Öffentlichkeit immer wieder aufgefordert, hinzusehen und sich damit zu beschäftigen. Sexueller Mißbrauch war ein so schlimmes Tabu, daß gar nicht oder nur hinter vorgehaltener Hand darüber gesprochen wurde. Genau dieses Ver-

halten hatte es den Tätern unserer Kindheit leichtgemacht, uns zu erreichen und uns zum Schweigen zu bringen.
Das ist an vielen Orten auch heute noch so, aber daß der Kulturring einer Gemeinde mit 800 EinwohnerInnen oder die Landjugend zum Informationsabend über sexuellen Mißbrauch an Kindern einlädt, vermittelt die Gewißheit, daß wir etwas verändert haben. Darin liegt die Hoffnung und die Energie zum Weitermachen.

All dies waren Gründe genug, die Arbeit der vergangenen Jahre zu dokumentieren. So entstand die Idee zu einem Buch. Zwei Journalistinnen – Gitti Hentschel und Claudia Strauven – wurden mit der Recherche beauftragt. Es wurden Fragebogen verschickt, Gespräche geführt, und eine Fülle von Material kam zusammen.

Wie aber sollte das strukturiert werden? An wen sollte sich das Buch letztendlich richten? Was zunächst als unüberschaubares Gewirr erschien, wurde phantasievoll aufgelöst.

Da die beiden Journalistinnen für den Rundfunk arbeiten, lag die Idee nahe, die Informationen nicht für das Auge, sondern für das Ohr aufzubereiten: Das Hörbild wurde erfunden! Aber die Lesedokumente sollten nicht verlorengehen. So teilten wir uns die Arbeit. Gitti Hentschel und Claudia Strauven konzentrierten sich auf das, was sie in Interviews mit Betroffenen sowie mit Frauen und Männern aus Politik, Justiz, den helfenden Berufen usw. zum Thema und ihrem Umgang damit zu hören bekamen. Unter dem Titel *Ich hätte gern, daß sie mal fragen, wie ich damit lebe* entstand eine einstündige HörCassette. Die Zusammenstellung und Bearbeitung der Lesedokumente wurde von mir übernommen.

Wenn ich heute die vorliegende Chronik ansehe, bin ich überwältigt, was Frauen an so vielen Orten der alten Bundesländer in Bewegung gebracht haben, welche Vielzahl von Anlaufstellen im Laufe dieser Jahre eingerichtet werden konnte. Einige entwickelten eigene Konzepte, richteten sich an unterschiedliche Zielgruppen. Viele folgen dem ursprünglich entworfenen Konzept der ersten Arbeitsgemeinschaft gegen sexuellen Mißbrauch an Mädchen und haben sich denselben Namen gegeben: **Wildwasser**.

Häufig beginnt die Arbeit in privaten Räumen ohne jede finanzielle Unterstützung von außen oder „läuft mit“ in anderen Projekten. Für

viele Wildwasser-Vereine ist es deshalb der erste große Erfolg, wenn sie eigene Räume anmieten können, um eine öffentliche Anlaufstelle aufzubauen.
Die Aktivitäten der verschiedenen Wildwasser-Gruppen werden in diesem Band in den wichtigsten Ausschnitten dokumentiert. Es ist immens, was hier zusammengetragen werden konnte! Diese Chronik wird von Frauenstimmen ergänzt, die über ihre Erfahrungen mit der Selbsthilfe von Wildwasser berichten.

Gitti Hentschel, die als Journalistin häufig über Prozesse berichtet hat, zeigt in einem aufschlußreichen Artikel den (all)gemeinen Umgang mit sexuellem Mißbrauch.

Daneben werden Dokumente der ersten Jahre wieder zugänglich gemacht. Sie erschienen erstmals in der vergriffenen „blauen Broschüre", einer Veröffentlichung mit dem Titel *Sexueller Mißbrauch – Strategien zur Befreiung,* die im Anschluß an die erste Tagung 1985 in Berlin entstand. Die Herausgeberinnen – „Wildwasser", Arbeitsgemeinschaft gegen sexuellen Mißbrauch von Mädchen e.V., und Dr. Cillie Rentmeister, Tagungsmoderatorin, für das Wannseeheim für Jugendarbeit e.V. Berlin, führten damals in ihrem Vorwort aus:

„Die Tagung wurde initiiert von einer Vorbereitungsgruppe (Frauen von 'Wildwasser' Berlin, Rechtsanwältin Lohstöter und dem 'Wannseeheim für Jugendarbeit Berlin e. V.', vertreten durch C. Rentmeister). Sie fand statt im Wannseeheim für Jugendarbeit Berlin vom 12. bis 16. Oktober 1985. Die Herausgeberinnen sehen diese Fachtagung und ihre Ergebnisse in der Tradition der Frauenbewegung. Sie hat erfolgreich die Denk- und Lebensräume von Frauen in dieser Gesellschaft erweitert; sie analysierte und bekämpfte die Gewalt gegen Frauen – in historischer Reihenfolge: gynäkologische Gewalt, Vergewaltigung, Pornografie, Prostitution, Mißhandlung in der Ehe.

(...) Zunehmend brechen Mädchen das Schweigen, und Frauen erinnern sich. Neue Untersuchungen schätzen, daß jedes zweite Mädchen sexuelle Übergriffe erleidet und daß in nahezu der Hälfte der Fälle der Vater der Täter ist. 300 000 mal jährlich wird in diesem Land sexueller Mädchenmißbrauch begangen in der Form von sexuellem Mißbrauch, Vergewaltigung und sexueller Nötigung. (Angezeigt wird von 20 Taten höchstens eine.) Daran wird deutlich, daß es sich nicht um bedauerliche Einzelschicksale handelt, sondern um strukturelle Gewalt und um einen Sozialisationsfaktor für Mädchen.

Das Aussprechen, das Verraten dieser schrecklichen Geheimnisse ist der erste Schritt. Aber was fangen wir dann mit diesem Wissen an? Was geschieht mit den Mädchen, mit dem Täter, mit der Familie? Wie helfen Frauen sich selbst, wie kann geholfen werden?

Seit nunmehr drei Jahren gibt es Selbsthilfe- und Berufsgruppen. Sie haben sich mit einer großen Zahl von Lebensberichten auseinandergesetzt und bereits vielfältige Erfahrungen gesammelt. Diese auszutauschen und die Öffentlichkeit dafür zu erweitern, war Ziel der Fachtagung.

50 Delegierte von Selbsthilfe- und Berufsgruppen aus 25 Orten der Bundesrepublik und Westberlin trafen sich, um in Vorträgen und Diskussionen 'Strategien zur Befreiung' zu erarbeiten.

Das Tagungsthema wurde als Beitrag zum 'Internationalen Jahr der Jugend' von der Berliner Senatorin für Jugend und Familie sowie der Frauenbeauftragten des Landes Berlin in der Weise gewürdigt, daß sie die Kosten und erstere auch die Schirmfrauschaft für die Tagung übernahmen."

Die Beiträge haben an Aktualität nichts eingebüßt. Viele der damals aufgestellten Forderungen warten noch heute auf Erfüllung. Mehr noch: Erschreckenderweise sind bereits erreichte Erkenntnisse und Positionen heute erneut Gegenstand heftiger Diskussionen. Deshalb sollen die Beiträge auf diesem Weg wieder zugänglich gemacht werden.

So stellt beispielsweise die Arbeit von Berufsgruppen, über die Barbara Kavemann und Ingrid Lohstöter berichten, nach wie vor eine der wichtigsten Voraussetzungen dar, ohne die eine Vernetzung zum Schutz von Mädchen nicht auskommen kann. (Die Bedeutung sogenannter HelferInnenkonferenzen, die Handlungsstrategien im Sinne betroffener Mädchen entwickeln, ist unumstritten, doch sie gehören noch lange nicht zum selbstverständlichen Repertoire im Alltag helfender Institutionen.)

Und obwohl die Grenzen und Gefahren familientherapeutischer Intervention bei sexuellem Mißbrauch häufig genug aufgezeigt und belegt wurden, wird immer wieder die Bedeutung der Familie und ihr

Erhalt in den Vordergrund gebracht. Viele fürchten sich, an der Institution „Familie" zu rütteln, auch wenn ihnen klar ist, daß die Sicherheit und Geborgenheit, die wir dort wünschen und erhoffen, ein Trugbild darstellt.

Für betroffene Mädchen Partei zu ergreifen, die in ihrer Familie nicht Schutz und Geborgenheit erfahren, sondern ausgenutzt und verletzt werden, ist auch heute noch lange nicht selbstverständlich. Der diesbezügliche Beitrag von Barbara Kavemann ist nicht neu, doch er ist heute wichtiger denn je.

Eine gänzlich andere Perspektive zeigt Cillie Rentmeister, die das Thema aus kulturanthropologischer Sicht angeht.

Die Bemühungen der Bundesregierung „zum Schutz der Betroffenen" werden in zwei weiteren Beiträgen behandelt.

Und noch immer wird die Frage aufgeworfen, ob den Mädchen (oder Jungen) denn „wirklich zu glauben" sei. Als Beweis werden Fälle angeführt, wo Mädchen ihre Aussage im Prozeß zurückgezogen haben – häufig genug unter dem Druck des Täters oder der Familie. Ihnen wird dann unterstellt, daß sie von Anfang an gelogen haben. Vielleicht sind sie selbst die Verführenden? Den Täter herausgefordert zu haben wird sogar Dreijährigen in Gerichtsprozessen zur Last gelegt.

Eine Menge Vorurteile gegenüber sexuellem Mißbrauch gedeihen ungehindert weiter. Deshalb habe ich außerdem beeindruckende Gedichte, Briefe und Geschichten von Frauen aufgenommen, die das Erleben der Übergriffe und deren Folgen auf ihre Weise spiegeln. Ich glaube, daß diese autobiographischen Texte die Zerstörungskraft sexueller Übergriffe auf eindringliche Weise darstellen und ungeheuren Überlebensmut zeigen. Die Autorinnen gestatten damit einen sehr weitreichenden Einblick in ihr Erleben und tragen damit zum besseren Verständnis für die Lage betroffener Mädchen und Frauen bei.

Diese letzten zehn Jahre waren davon gekennzeichnet, die Öffentlichkeit aufzurütteln, sexuellen Mißbrauch als Thema bekannt zu machen. Ich meine, das ist gelungen. Nun ist es an der Zeit, die erreichten Ziele abzusichern und unserem gewonnenen Wissen entsprechend die aktive Hilfe auszubauen.

Dieser Reader ist weit mehr als eine Chronik, denn die Momentaufnahme zur Geschichte der letzten zehn Jahre setzt darauf, daß Erfahrungen lebendig bleiben. Dieses Buch steht für die Wertschätzung geleisteter Arbeit und soll ermutigen zur Weiterentwicklung einer Arbeit, die Partei ergreift für jene, die sexuellen Mißbrauch erleben – damit diese überleben.

Diese Arbeit ist mühsam – aber nicht unmöglich!

Gitti Hentschel

Sexueller Mißbrauch – Eine Geschichte von Vorurteilen

„Geh nicht mit einem Fremden. Nimm von Unbekannten keine Schokolade oder Bonbons an!" Warnungen wohlmeinender Erwachsener, die mich durch meine ganze Kindheit begleiteten. In mir entwickelte sich ein Bild von fremden Männern, die massenhaft mit Süßigkeiten und Versprechungen arglose Kinder von Spielplätzen und Schulhöfen wegzulocken suchten, um ihnen Schreckliches anzutun. Was genau das sein sollte, konnte ich lange nicht herausbekommen, darüber wurde nicht gesprochen. Doch es nahm in meiner Phantasie ein riesiges Ausmaß von Schrecklichkeit an, so daß ich Fremden erst mal immer mit Mißtrauen begegnete.

Dagegen konnte ich in meiner Vorstellung einer anderen Art von Männern grundsätzlich trauen: allen Verwandten; Freunden und Bekannten meiner Eltern und schließlich den Verwandten von FreundInnen, Schul- und SpielkameradInnen. Sie gehörten alle zu irgendeiner Familie, und die stand für „Sicherheit". Besonders vertrauenswürdig erschien mir als „Vaters Tochter" immer ein Vater, allen voran natürlich mein eigener. Auch wenn er oft nicht da war, glaubte ich fest daran, daß er mich am besten beschützen und mir am ehesten helfen könnte. Und auch wenn er sich undurchschaubar verhielt oder schlecht gelaunt war, tat er doch grundsätzlich das Richtige, war gut und wußte immer, wo es langging. Deshalb mußte man zu ihm aufschauen und auf ihn hören – eher noch als auf andere Respekts- oder Amtspersonen wie Pfarrer, Lehrer, Ärzte und Polizisten.

Klischeebilder, mit denen ganze Frauengenerationen der weißen Mittelschicht in unserer Gesellschaft aufgewachsen sind und die es lange Zeit fast unmöglich machten, über das, was sich an Gewalt und Mißbrauch in den Familien tatsächlich abspielte, zu sprechen. Sie führten dazu, daß jedes Mädchen für sich dachte, sie sei die Ausnahme oder selbst schuld, wenn ihr Furchtbares und Unaussprechliches vom eigenen Vater, Onkel oder einem Bekannten widerfuhr.

Bilder zum Schutz der Institution Familie und letztendlich zur Aufrechterhaltung männlicher Macht und Autorität.

Gewiß, seitdem es Frauen auf sich genommen haben, über den erlittenen Mißbrauch in der Kindheit durch Familienangehörige oder Bekannte zu reden, sind diese Bilder aufgeweicht und brüchig geworden.

Mißbrauch in der Familie ist kein Tabu-Thema mehr oder, wie noch vor zehn oder zwanzig Jahren, „das bestgehütete Geheimnis" (Florence Rush). Und in den letzten Jahren haben sich die Massenmedien auf die Schilderung von dramatischen Einzelschicksalen und Torturen mißbrauchter Mädchen geradezu gestürzt. Doch oft geht es hierbei nicht um Aufklärung, Aufrüttelung. Vielfach steckt dahinter voyeuristische Effekthascherei, die den Umsatz steigern soll.

Andererseits werden die zahlenmäßig sehr viel selteneren Taten der sprichwörtlichen Fremden überdimensioniert in Schlagzeilen herausgestellt, etwa ein brutaler Sexualmord an einem Mädchen oder Serienvergewaltigungen von Frauen, nachts oder im Park – hier kann das alte Klischee vom „Triebtäter" wieder genüßlich entfaltet werden. Mit einem gewissen Schaudern wird so der Blick der Öffentlichkeit weiterhin auf die „perversen" Verbrecher gerichtet, die Angst der Frauen vor diesen geschürt, und die Botschaft bleibt: Geh bloß nicht zu weit; geh nicht allein, nimm dich in acht vor Fremden, such dir einen Beschützer. Denn sind die Taten der Fremden nicht doch erheblich schrecklicher und brutaler als die der nächsten Anverwandten?

So werden, nach wie vor, die Verbrechen der „Beschützer" und das Ausmaß der Schädigungen durch deren Taten bagatellisiert und verharmlost, z.T. sogar geleugnet. Und zwar nicht nur von sogenannten „Zeitgeist-Magazinen" wie dem *Wiener,* der noch vor einigen Jahren schlagzeilte: „Inzest macht die Kinder froh und Erwachsene ebenso". Der *Stern* eröffnete 1987 eine Serie „Väter, Töchter – Die schwierige Beziehung zum ersten Mann im Leben einer Frau" mit den Sätzen: „Die Beziehung zwischen einem Vater und einer Tochter ist immer eine Liebesgeschichte. Manchmal voll Glück, manchmal voll Leid, nie ohne Dramatik". Kein Wort von der Abhängigkeit der Töchter, die von den Vätern oft ausgenutzt wird, kein Wort von Gewalt und zerstörerischen Mißbrauchsbeziehungen, die nichts mit Liebe zu tun haben, sondern mit Macht und Besitzanspruch von Männern über Mädchen und Frauen.

Oft werden in der Darstellung des Mißbrauchs durch Väter oder andere Verwandte, bei einer angeblichen „Enttabuisierung", alte Vorurteile gegen Mädchen und Frauen reproduziert und die Täter mit verständnisvollem Blick in Schutz genommen. Wie zum Beispiel in der vermeintlichen Aufklärungskampagne des Kinderschutzbundes. 1991 veröffentlichte er Plakate von Mädchenbildern mit Aufschriften wie: „Vati war ihr erster Mann" oder „Papis Liebe tut ihr weh". In Texten wurde erklärt: „Sabine ist Papis ein und alles. Sie wird von ihm geliebt. Aber mehr als sie verkraften kann. Denn Papi vergeht sich sexuell an seiner Tochter. Dabei möchte er ihr nicht weh tun, er liebt sie doch." Hier wird ein typisches Rechtfertigungsmuster der Täter übernommen und gegen die Mädchen gewandt. Sie werden als verführerisch, eben typische Lolita, dargestellt, so daß ein Mann kaum anders kann, als sich an ihnen zu vergehen: „Marion hat für ihre elf Jahre eine Menge Erfahrung. Sexuelle Erfahrung". Kein Wort über die Fakten, daß nämlich die verführerischen, lockenden Verhaltensweisen junger Mädchen bereits Produkt von Mißbrauchserfahrungen sind, Ausdruck von Zurichtungen, die im Interesse der Männer liegen. Sogar das Klischee des schwachen, aber triebstarken Mannes, des Triebtäters eben, wird hier weitergepflegt: „Immer wenn sich die Gelegenheit ergibt, kann Onkel Paul nicht anders." Es spricht allen Erkenntnissen Hohn, nach denen die Mißbraucher „normale" Männer sind, die ihre Taten gezielt vorbereiten und durchführen.

Auf diese Weise wird vorgebliche Aufklärung zum Bumerang für Frauen und Mädchen. Sie sind wieder mit dem uralten Vorurteil konfrontiert, ihr eigenes Verhalten verursache den Mißbrauch oder trage zumindest dazu bei. Den Tätern wird die Verantwortung zugleich abgenommen. Sie werden entlastet. Welch peinliches und lächerliches

Bild dabei von erwachsenen Männern gezeichnet wird – als Opfer kleiner Mädchen oder Jugendlicher oder auch ihrer eigenen Triebe –, scheint männlichem Ansehen und männlichem Selbstbild dennoch keinen Abbruch zu tun. Die typische Haltung einer patriarchalen Gesellschaft, in der sich die Mächtigen geradezu alles leisten dürfen, auch Verantwortungslosigkeit und Erbärmlichkeit.

Diese Gesellschaftsstruktur findet in der Familie ihre Entsprechung: Der nach außen mächtige, aktive, starke Mann und Vater ist persönlich schwach bis zur Unmündigkeit und auf die reproduktiven Tätigkeiten und Fähigkeiten der Frauen in der Familie angewiesen. Aufgrund dieser Familienstruktur wird immer wieder den Frauen, vor allem den Müttern, die Schuld oder zumindest Mitschuld am Verbrechen des Mannes zugeschoben.

Tatsächlich wollen die Mütter die Übergriffe auf die Tochter oft nicht wahrhaben oder nehmen sie sogar stillschweigend hin. Manche Frauen fühlen sich – in Konkurrenz zur Tochter – in Frage gestellt, andere fürchten die Konsequenzen, die sie ziehen müßten: den Konflikt oder gar den Bruch mit dem Mann – damit vielleicht auch den Verlust des Ernährers. Wieder andere Frauen fühlen sich durch die Tochter entlastet: So bleiben sie von Zudringlichkeiten verschont. Zum Teil ist bei den Frauen der Hintergrund: Sie haben in ihrer Kindheit die gleichen furchtbaren Erfahrungen gemacht; viele können sich nicht vorstellen, daß es auch anders sein kann und daß es einen Weg heraus gibt. Sie haben kein eigenes Selbstwertgefühl als Frau entwickelt und nie gelernt, sich einem Mann zu widersetzen.

Kein Zweifel, damit stützen und schützen die Frauen den Mann auf Kosten der Töchter, und selbstverständlich haben sie dafür die Verantwortung. Doch damit wird die Schuld und Verantwortung des Mannes für seine Verbrechen nicht geringer.

Die Tradition der Vorurteile

Die Verharmlosung der Verbrechen der Männer und die Darstellung von Mädchen und Frauen als Verführerinnen hält sich so hartnäckig, weil sie in der jahrtausendealten christlich-religiösen Tradition unserer Kultur stehen und in unserem Denken fest verankert sind. Sowohl die alttestamentarische Bibel als auch der Talmud, so stellte die US-Amerikanerin Florence Rush in ihrem Buch *Das bestgehütete Geheimnis* fest, „begünstigten sexuelle Beziehungen zwischen Männern und sehr kleinen Mädchen, sowohl in der Ehe als auch in äußerlichen Verbindungen und in der Sklaverei". Zum Beispiel durfte laut Talmud ein Mädchen mit „drei Jahren und einem Tag" durch Geschlechtsverkehr verlobt werden, wenn der Vater es erlaubte. Diese Regelung galt nicht nur vor der christlichen Zeitrechnung, sondern noch im 12. Jahrhundert. Doch selbst Mädchen unter drei Jahren waren in keiner Weise geschützt. Bei ihnen zählte vollzogener Geschlechtsverkehr einfach nicht, das heißt, ein Mißbraucher war nicht verpflichtet, das Mädchen später zu heiraten.

Grundsätzlich galt in der Bibel: Mädchen sind sexuelles Eigentum des Vaters, und, so Rush, „Heirat war der Kauf einer Frau von ihrem Vater, Prostitution war der Kauf und Weiterverkauf einer Frau zu sexuellen Dienstbarkeiten durch ihren Herrn, und Vergewaltigung war Diebstahl der Jungfräulichkeit eines Mädchens, der durch Zahlungsleistungen an ihren Vater wiedergutgemacht werden konnte."

Da die unverheiratete Tochter ihrem Vater ohnehin gehörte, war der Vater-Tochter-Inzest nicht verboten. Dagegen wurde der Mutter-Sohn-Inzest schwer geahndet. Der Grund: Der Sohn hatte sich der Mutter, dem Eigentum des Vaters, bemächtigt bzw. die Mutter sich der alleinigen Verfügungsgewalt ihres Mannes entzogen.

Auch für andere Formen männlicher Entlastung liefert das Alte Testament, immerhin eines der meistgelesenen Bücher der Welt, nach der holländischen Autorin Josephine Rijnaarts ein Vorbild: In der Geschichte „Lots Töchter" machen zwei junge Frauen ihren Vater betrunken, um ihn dann nacheinander zu verführen und so ihre Nachkommenschaft zu sichern. Die Moral dieser Geschichte: Sexuelle Kontakte zwischen Vätern und Töchtern sind nicht nur harmlos, sondern von den Töchtern gewollt; der Vater ist Opfer ihrer Machenschaften und wußte – betrunken wie er war – nicht, was er tat.

Das sind Rechtfertigungsmuster, die bis heute erfolgreich Anwendung finden. So werden nach bundesdeutschem Recht einem Mißbraucher oder Vergewaltiger bei Trunkenheit während der Tat mildernde Umstände zugesprochen – während der Rausch bei einem Autofahrer zu seinem Nachteil ausgelegt wird!

Auch wenn im Laufe der Jahrhunderte zunehmend gesetzliche Regelungen zum Schutze von Kindern und Frauen eingeführt wurden, hat sich die biblische Haltung, die Kinder und Frauen als Besitz- und Tauschobjekte betrachtet, fortgesetzt. Das drückt sich heute nicht nur in Kinder- und Frauenhandel, Prostitution und Pornographie aus, sondern spiegelt sich noch immer in Gesetzen und Rechtsprechung. So wird Mißbrauch an eigenen Kindern und Jugendlichen in der Regel weniger schwer geahndet als Mißbrauch durch fremde Täter, obwohl die Folgen für die Kinder möglicherweise erheblich schlimmer sind – schließlich wurden sie von den ihnen am nächsten stehenden, vielleicht sogar von Vertrauenspersonen ausgenutzt und dadurch völlig verunsichert, wem überhaupt sie noch trauen können.

Vergleichsweise härter bestraft als anale oder orale Vergewaltigung wird auch die Penetration, obwohl die anderen Formen der sexuellen Gewalt von Frauen und Kindern häufig als genauso schlimm, wenn nicht als noch furchtbarer erlebt werden. Hier spielt das Recht des Mannes auf klares Wissen um seine Vaterschaft eine Rolle. Daß also nicht die Interessen von Frauen und Kindern in erster Linie bedacht, sondern Besitzrechte des Mannes geregelt werden, drückt sich am deutlichsten in der Tatsache aus, daß Vergewaltigung in der Ehe, also durch den Ehemann, nicht strafbar ist. Wenigstens auf „seine" Frau soll der Mann ein Besitzrecht geltend machen können, wenn ihm schon der Zugriff auf die anderen verboten wurde.

Die Vorurteilsstrukturen zugunsten der Männer und zu Lasten von Frauen und Kindern, die in der Tradition unserer christlichen Kultur stehen, werden in neuerer Zeit durch die Psychoanalyse wissenschaftlich gestützt und gefördert. Sie hat seit Ende des letzten Jahrhunderts wesentlich dazu beigetragen, männliche Herrschaftsansprüche argumentativ zu untermauern. Mit ihrer Hilfe haben sich Vorurteile wie „Frauen haben keine eigenständige Sexualität", „Männer haben einen so starken Sexualtrieb, daß sie gar nicht anders können", „Mädchen wollen vom Vater genommen werden und sind die Verführerinnen" bis heute gehalten. Ende des 19. Jahrhunderts behauptete der Psychoanalytiker Richard von Krafft-Ebing, daß sexuelles Verlangen bei Frauen die „Vermutung pathologischer Bedeutung erwecken" müsse. Und noch heute lehrt nach Florence Rush ein psychiatrisches Handbuch für MedizinstudentInnen, daß „das Vorkommen von Mutter-Sohn-Inzest auf eine gravierendere pathologische Ursache schließen läßt als Vater-Tochter-Inzest".

Den wichtigsten Beitrag aber leistete Sigmund Freud mit seiner „Verführungs"-Theorie. Danach sind Kinder stark triebhafte Wesen, und die Beschuldigung insbesondere von Verwandten entspringe in der Regel ihrem Wunschdenken bzw. ihrer Phantasie. Eine Theorie, die Vätern einen Freibrief ausstellt, weil sie Mädchen zu Lügnerinnen oder Phantasten stempelt bzw. aus ihnen die Verführerinnen macht. Bis heute hält die klassische Psychoanalyse daran fest, verbissen und beharrlich.

Nicht immer hielt Freud bloßes Wunschdenken und Phantasien von Kindern für die Ursachen von psychischen Krankheiten. Lange Zeit nahm er die Berichte seiner Patientinnen über Mißbrauchserlebnisse in der früheren Kindheit ernst und erkannte diese „sexuellen Traumen" als Ursache für viele Neurosen wie zum Beispiel die Hysterie. 1896 trug er seine Erkenntnisse in einem Vortrag „Zur Ätiologie der Hysterie" seinen Kollegen vom Verein für Psychiatrie und Neurologie in Wien vor. Deren Reaktionen waren vernichtend. Sie schwiegen den Vortrag tot und mieden Freud fortan. „Isoliert bin ich, daß Du zufrieden sein kannst. Es sind irgendwelche Parolen ausgegeben worden, mich zu verlassen, denn alles fällt ringsum von mir ab", schrieb Freud dazu in einem Brief vom 4. Mai 1896 an einen Freund – Sätze, die in alten Freud-Ausgaben nicht veröffentlicht worden waren und vom früheren Projekt-Direktor des Freud-Archivs und Psychoanalytiker Jeffrey M. Masson in seinem Buch *Was hat man dir, du armes Kind, getan?* zitiert werden.

Neun Jahre später widerrief Freud die so geächtete Theorie öffentlich und stellte die dann zur allgemeinen Lehrmeinung erhobene Theorie von den Verführungsphantasien der Kinder dagegen.

Anhand bisher unveröffentlichter Dokumente aus dem Freud-Nachlaß wies Jeffrey M. Masson nach, daß Freud seine Erkenntnisse einerseits aufgrund des immensen Drucks seiner Kollegen widerrief, andererseits, weil er seine eigene Entdeckung „als so belastend empfand, daß er sie buchstäblich aus seinem Bewußtsein tilgen mußte." Weder von Freud selbst noch von Kollegen wurde seine erste Theorie je widerlegt. Masson stellt dazu fest: „Es gibt keinerlei wissenschaftliche Kritik an Freuds These, nur Ablehnung und Abscheu."

Interessanter- oder eher bezeichnenderweise haben sich die Reaktionen der PsychoanalytikerInnen auf dieses heikle Thema bis heute nicht verändert. Fachleute, die den sexuellen Mißbrauch von Kindern durch Verwandte als Realität nicht anzweifeln, werden von der etablierten psychoanalytischen Fachwelt isoliert und geächtet. Das erlebte nicht nur Sándor Ferenczi, ein Freund und Schüler Freuds, im Jahre 1932; Jeffrey M. Masson wurde noch 1981 als Projekt-Direktor des Freud-Archivs fristlos entlassen, weil er diese Erkenntnisse aus den bisher unveröffentlichten Dokumenten Freuds öffentlich machte. Die Erklärung für die Reaktionen der psychoanalytischen Gemeinde damals wie heute liefert Masson in seinem oben genannten Buch: „Freuds Interpretation – derzufolge die sexuelle Gewalt ... ein reines Phantasieprodukt ist – war keine Bedrohung für die bestehende Gesellschaftsordnung. Die Therapeuten konnten dadurch auf der Seite der Erfolgreichen und Mächtigen bleiben, statt sich auf die Seite der Opfer familiärer Gewalt zu stellen".

In der heutigen Zeit gelten Massons Untersuchungsergebnisse zusätzlich noch als „Erschütterung der Psychoanalyse" und nicht als „bloße historische Untersuchung". Ein Armutszeugnis für die Analyse, denn, so Masson: "Solange der Analytiker sich vor der wirklichen Geschichte seiner eigenen Wissenschaft fürchtet, wird er nie in der Lage sein, sich der Vergangenheit seiner Patienten zu stellen." Doch die Anzahl von AnalytikerInnen ebenso wie von PsychologInnen wächst, die sich von der traditionellen psychoanalytischen Theorie abwenden und bereit und in der Lage sind, Frauen (oder Männer) therapeutisch bei der Aufarbeitung von Mißbrauchserfahrungen in ihrer Kindheit zu unterstützen.

Alte Vorurteile in neuem Gewand

Allerdings gibt es inzwischen von FamilientherapeutInnen, die den sogenannten systemischen Ansatz vertreten, eine neue Form der Entlastung der Männer. Sie begreifen Mißbrauch als Symptom und Ausdruck zerrütteter Familienverhältnisse, für die alle Familienmitglieder gleichermaßen Verantwortung tragen. Mit diesem – in seiner Absicht respektablen – Ansatz verbunden ist die Abschaffung der Schuldfrage. Machtverhältnisse, das Machtgefälle innerhalb der Familie, bleiben außen vor – und auf diese Weise haben Mütter wie betroffene Kinder wiederum Verantwortung, zumindest Teilverantwortung für die Handlungen des Täters.

Ein Denkansatz, der auch unter KinderschützerInnen verbreitet ist, die die schwerwiegenden Unterschiede zwischen sexuellem Mißbrauch und Mißhandlung oft nicht sehen wollen. Zu ihnen gehört der Mitinitiator des Berliner Kinderschutzzentrums, Prof. Dr. Reinhart Wolff, der seit Jahren engagierte Arbeit mit familientherapeutischem Ansatz gegen familiale Mißhandlung betreibt, aber offenkundig die spezifischen Probleme von Mißbrauch verkannt und übersehen hat. Entsprechend wirken seine Auslassungen zu sexueller Mißhandlung und Sexualpolitik, die er zusammen mit seiner Ehefrau Angela Bernecker-Wolff in einer Fachzeitschrift Ende 1990 veröffentlichte, als Rechtfertigung eigener Defizite in der Kinderschutzarbeit. Da diese Tendenz der Argumentation zunimmt, kann sie nicht einfach übergangen werden. Wolff/Bernecker-Wolff behaupten, es gäbe eine „Tendenz, insgesamt die Anzahl schwerer Fälle von sexueller Kindesmißhandlung zu überschätzen", wobei sie die Definition, was für sie ein schwerer Fall ist, schuldig bleiben. Zum anderen wittern sie in der Auseinandersetzung um sexuellen Mißbrauch ein „sexualpolitisches Rollback", das von der neuen wie religiösen Rechten und Teilen der Linken ebenso unterstützt werde wie von Feministinnen.

In Ignorierung der feministischen Diskussionen behaupten sie: „Der ganze Eifer richtet sich darauf, Normen einer desexualisierten Kindheit und einer traditionellen Geschlechterstruktur wieder aufzurichten, wobei der Begriff der sexuellen Gleichheit und Emanzipation von Frauen und Kindern zurückgewiesen wird." Und weiter: „Erneut wird Sexualität als im wesentlichen 'schlecht', 'gefährlich' und 'pathologisch' charakterisiert, als eine Bedrohung der Familie in einer herzlosen Welt, um erneut den Vorrang der Heterogenitalität zu sichern ..."

Als Lösung propagieren Wolff/Bernecker-Wolff eine „sexuelle Befreiung", deren Kernpunkt ist, „die Erfahrung sexuellen Glücks [zu]zulassen und ... [zu] lehren, selbstverständlich vor allem in der erwachsenen Paarbeziehung, aber auch in der Adoleszenz. Denn je mehr es liebevolle Beziehungen zwischen Frauen und Männern, zwischen Müttern und Vätern erfüllte Sexualität gibt, um so weniger kommt es zu sexuellen Mißhandlungen".

Tatsächlich sichern sie bei diesem Konzept sowohl den „Vorrang der Heterogenitalität" als auch der Männer überhaupt. Selbstverständlich ist freie Sexualität für alle erstrebenswert, für Kinder wie Erwachsene. Doch zu suggerieren, daß Kinder und Erwachsene in der Sexualität Gleiche sein könnten, ignoriert zum einen die spezifische Sexualität von Kindern, die sich noch entwickelt. Zum anderen negiert es das Macht- und Abhängigkeitsverhältnis zwischen Kindern und Erwachsenen und bereitet damit den Boden für den Mißbrauch. Außerdem ist das Problem von Männern, die Kinder mißbrauchen, nicht allein und vorrangig ein Problem der Sexualität, sondern auf diese Weise leben Männer Machtansprüche aus und kompensieren Gefühle von Versagen und Unzulänglichkeit.

Ein ähnliches Konzept „sexueller Befreiung" und Freiheit ist bereits Ende der 60er, Anfang der 70er Jahre im Zuge der Studentenbewegung entwickelt und propagiert worden. In der Praxis wandte es sich schließlich gegen die Frauen, die unter dem Vorwand der „Freiheit" von ihren Freunden und Genossen unterdrückt wurden – und sich zunächst unterdrücken ließen, weil sie nicht repressiv und „verklemmt" erscheinen wollten. (Bis sie sich schließlich mit der Parole „Die Herrschaft der Schwänze hat ihre Grenze!" in autonomen Gruppen zusammentaten – der Anfang der Frauenbewegung!)

Damals galt die Verharmlosung von Sexualität zwischen Kindern und Erwachsenen, zwischen Vätern und Töchtern, als Tabu-Bruch und Abkehr von der bürgerlichen Gesellschaft, also als geradezu „revolutionär".

Hervorragendes Beispiel: *Sexfront,* die damalige Aufklärungs-Bibel des Sexualwissenschaftlers Günter Amendt. In einem Comic etwa wird das Inzest-Tabu dieser Gesellschaft süffisant aufs Korn genommen: Ein Vater, als CDU-Mann von vornherein in der reaktionären Ecke, begründet seiner Tochter – die ihn gemäß allen Klischees anhimmelt, verehrt und begehrt – das Inzest-Verbot dieser Gesellschaft allein damit, daß sonst „die Grundlage unserer Kultur zerstört würde". Darauf die Tochter tränenden Auges: „Ja, Papi hat recht. Ich muß auf ihn verzichten, damit die natürliche Ordnung erhalten bleibt. Aber der Mann, den ich haben werde, muß so sein wie Papi!" Der Comic suggeriert, daß der wahrhaft aufgeklärte, freiheitlich denkende Mensch (Mann) dieses lächerliche Tabu durchbrechen und dem Begehren der reizenden Tochter nachgeben würde. Eine Darstellung, die dem Stand der Auseinandersetzung über freie Sexualität 1970 entsprechen mag, einer Zeit, in der vom Mißbrauch von Mädchen und von Frauenunterdrückung eben noch kaum die Rede war. Im Gegenteil schrieb da der renommierte Publizist Rudolf Walter Leonhardt in der *Zeit* unter dem Titel „Wenn Lolita Rache nimmt ... Liebe mit Abhängigen – mit wem sonst?" allen Ernstes: „Die Fälle sind so selten nicht, in denen Kinder, lange nachdem der von ihnen angezeigte Lehrer eine Gefängnisstrafe verbüßt und seinen Beruf verloren hatte, zugegeben haben, sie hätten sich damals alles ausgedacht: um sich an dem Lehrer zu rächen (vielleicht gerade dafür, daß er den erotischen Wunschvorstellungen einer pubertären Phantasie nicht entsprochen hatte) ..." Und er weiß auch von Studentinnen – vielleicht „jede zweite (übertreiben wir nicht: jede dritte)" zu berichten, die zu einer Zeit, „als Ordinarien noch absolute Herrscher in ihrem Reich waren, zurückweichende Intelligenz durch entgegenkommende Weiblichkeit" ausglichen. – Alles alte Kamellen? Das Buch *Sexfront* wurde 1989 in erweiterter Auflage neu herausgebracht. Wie vor zwanzig Jahren werden auch jetzt noch die alten Klischees und Vorurteile der begehrlichen Tochter und des verklemmten Vaters, der reaktionär ist, weil er das Inzest-Tabu vertritt, unkommentiert abgebildet. Und das Thema sexueller Mißbrauch bleibt in diesem Buch auch heute noch völlig ausgespart.

Hierin drückt sich mehr als Ignoranz und Nachlässigkeit aus. Hier wird die alte Frauenverachtung, das männliche Besitzdenken, neu aufgelegt.

Eine Haltung, die noch immer – oder wieder – auch Frauen einnehmen mit dem Gestus der besonders Aufgeklärten, der wahren Tabu-Brecherin. Neues Beispiel: die Journalistin Katharina Rutschky mit einem jüngst erschienenen Buch zu „Fakten und Fiktionen" des Kindesmißbrauchs. In schnoddrigem, aber massenwirksamem Ton behauptet sie, insbesondere die Feministinnen hätten das gesamte Problem hochgeputscht, um damit einem Abkühlungs- und Abnutzungseffekt der öffentlichen Aufmerksamkeit zu entgehen. „Sexueller Mißbrauch von Kindern ist Mißhandlung plus Feminismus" verkündet die Autorin und wirft den betroffenen Frauen Unglaubwürdigkeit vor, indem sie behauptet, „ihre Geschichten ähneln in ihrer Eintönigkeit Litaneien, in denen immer dasselbe gesagt wird". (Im Unterschied zu Männern, die als Jungen sexuell mißbraucht wurden und die „merklich persönlicher ..., nuanciert ... oft auch merklich ambivalent über ihre Erinnerungen sprechen".)

Auch sonst müht sich Katharina Rutschky verzweifelt, das angeschlagene Bild des Mannes wieder zurechtzurücken und in perfidester Manier Frauen zu diffamieren. Die unterschiedlichen Dunkelziffern sind für sie Beweis, daß hier „erwachsene Frauen" mit dem Thema „ganz andere Süppchen ... kochen wollen". Und SozialarbeiterInnen, ErzieherInnen oder andere engagierte Leute in helfenden Berufen wollen sich mit der Dramatisierung sexuellen Mißbrauchs lediglich eine Legitimation und Aufwertung für die eigene Arbeit verschaffen.

Demgegenüber steht der „ganz normale" Mann aus gutbürgerlichen Verhältnissen, der natürlich nicht zum Täterkreis gehört. Schließlich seien „nicht bloß die Liebeswahlen, sondern auch die sexuellen Vorlieben im Einzelfall [rätselhaft]"; kaum zu glauben also, daß er „der sexuelle Allesfresser ist, als der er uns weisgemacht werden soll". Außerdem könne der Mann aus höheren sozialen Schichten, etwa als Chef, „seine Macht- und Kontrollbedürfnisse, ja seine Perversionen ... strafgesetzlich einwandfrei organisieren", weil sich „sein Aktionsradius nämlich nicht auf seine Kleinfamilie [beschränkt]".

Die Männer werden's ihr danken und sie gern zitieren. Auch als Interviewpartnerin und Talkshow-Gast macht sie nun Karriere. Schließlich liegt die Autorin ganz in dem Trend, dem auch der bayrische Umweltminister und CSU-Chef Peter Gauweiler folgt. Er verfaßte das Grußwort zu einer Broschüre der „Interessen- und Schutzgemeinschaft unterhaltspflichtiger Väter und Mütter – Verband der Unterhaltspflichtigen". Darin wird beklagt, daß mit dem Vorwurf des sexuellen Mißbrauchs gegen Väter versucht werde, Unterhalts- und Sorgerechtsansprüche durchzusetzen; nichts als eine „Modewelle der sexuellen Diffamierung", die von reaktionären Politikern und militanten Feministinnen ausgehe. Die genauere Erläuterung liefert anschließend der Sexualwissenschaftler Ernest Borneman: „Ein junger Körper beherrscht immer absolut den älteren." Und: „Wer nie erlebt hat, wie ein launisches Püppchen von zehn Jahren einen gestandenen Mann von 40 herumkommandieren kann, der weiß wenig über Sexualität".

Und solche „gestandenen" Männer sollen als Betreuungsperson eines Kindes, gar noch eines weiblichen, in Betracht kommen? Und werden als Autoritäten im öffentlichen Leben ernst genommen? Es wird Zeit, daß sie endlich abtreten.

Literatur

Amendt, Günter: *Sexfront* (Reinbek 1989)

Bernecker-Wolff, Angela und Reinhart Wolff: „Sexuelle Mißhandlung und Sexualpolitik", in: *Sozial Extra,* Dezember 1990

Borneman, Ernest: zit. nach *Süddeutsche Zeitung,* 16./17.5.1992

Frank Barbara: „Töchter und Väter", in: *Stern 33,* 6.8.1987 ff.

Freud, Sigmund: *Gesammelte Werke* (18 Bände), hg. von A. Freud, E. Bibring, W. Hoffer, E. Kris, O. Isakower (Frankfurt/M. 1952 ff.) Der Aufsatz „Zur Ätiologie der Hysterie" erschien in Band 1.

Krafft-Ebing, Richard von: *Psychopathia Sexualis* (Stuttgart 1907)

Leonhardt, Rudolf Walter: „Wenn Lolita Rache nimmt ...", in: *Die Zeit,* 2.5.1969

Masson, Jeffrey M.: *Was hat man dir, du armes Kind, getan? Sigmund Freuds Unterdrückung der Verführungstheorie* (Reinbek 1984)

Rijnaarts, Josephine: *Lots Töchter. Über den Vater-Tochter-Inzest* (Düsseldorf 1988)

Rush, Florence: *Das bestgehütete Geheimnis. Sexueller Kindesmißbrauch* (Berlin 1982)

Rutschky, Katharina: *Erregte Aufklärung. Kindesmißbrauch: Fakten & Fiktionen* (Hamburg 1992)

Marion Mebes (1985)

Im Dunkeln waren wir lange genug

Endlich hatten wir einen Laden gefunden, mehrere Räume in einem guten Viertel. Kohlenheizung, aber was machte das schon. (Ich weiß, Susanne, Du hast an so manchem Wintertag geflucht!) Wir hatten alles Geld zusammengekratzt. Die wichtigste Frage für die Anmietung war: Können wir aus unseren Vereinsmitteln jederzeit die Miete zahlen, auch wenn der Senat den Hahn zudreht? Wir konnten – also unterschrieben wir den Mietvertrag, renovierten und eröffneten.

Die folgende Rede stammt vom 4. Juni 1985 anläßlich der Eröffnung unserer Beratungsstelle:

Eigentlich habe ich diese Geschichte schon oft erzählt, aber ich muß immer wieder von neuem darüber nachdenken, was denn der Anfang war.

Und ganz am Anfang stand wohl, daß ich mich anders fühlte als alle anderen Frauen, unnormal. Ich kam mit meinem Leben nicht klar. Ich hatte Probleme in meinen sozialen Beziehungen, Schwierigkeiten mit meiner Sexualität, mit Männern, es fiel mir schwer, mich durchzusetzen, Entscheidungen zu treffen. Aus unerfindlichen Gründen flippte ich aus und so weiter.

Klar, ich konnte mich da an eine Geschichte oder auch zwei mit einem Mann aus meiner Familie erinnern. Aber einen Zusammenhang zwischen diesen Begebenheiten und meiner Situation heute, den sah ich nicht. Ich war immerhin eine gestandene Frau, lebte seit Jahren nicht mehr zu Hause, war das, was wohl eine selbständige emanzipierte Frau genannt wird. Und das andere war lange her.

Anne Voss

Etwa zehn Jahre nach der letzten Begegnung, die ich lange Zeit wie einen Film erzählte, ganz unberührt von irgendwelchen Emotionen, besuchte ich ihn in seinem Haus. Ich übernachtete dort und wußte am anderen Morgen beim Aufwachen, ohne die Augen aufzuschlagen: Er ist da. Innerlich bin ich explodiert, konfrontiert mit Gefühlen von Panik, Angst, Erschütterung usw. Was hätte er alles tun können, während ich schlief? Was hatte er vielleicht tatsächlich getan? Ich bebte innerlich – äußerlich blieb ich vollkommen ruhig. Ich mußte wohl im Laufe der Jahre mit diesem Mann soviel Selbstbeherrschung gelernt haben, daß ich alles wegdrängte, die Augen öffnete und freundlich guten Morgen sagte.

Was sollte ich auch sonst tun? Eine Beschreibung für meine Erlebnisse hatte ich nicht. Niemanden hatte ich je von „so was" sprechen hören. Außerdem – was konnte er mir schon anhaben? Das System von Entschuldigung und Verleugnung war perfekt, und er kam ungeschoren davon. Doch mich ließ die Heftigkeit meiner Reaktion nicht mehr los.

Nicht zuletzt diese Erlebnisse trieben mich zur Flucht. Es gab damals viele Gründe für mich, in die USA zu gehen – bloß weit weg. Soweit es diesen Teil meines Lebens angeht, war es wirklich eine Flucht. Ich war auf der Suche nach einem sicheren Ort für mich und meine Seele. Unerwarteterweise war es der richtige Ort: Schon nach kurzer Zeit fand ich in den Staaten während meiner Arbeit im Drogenbereich Frauen, die sich mit sexuellem Mißbrauch beschäftigten; ich begegnete Frauen, die mir halfen, dem, was ich erlebt hatte, einen Namen zu geben, mich ernst zu nehmen mit meinen Gefühlen und erste Schritte zu einem neuen Weg des Lebendig-Werdens zu finden. Das machte mir Mut, und ich suchte und fand viel: Beratungsstellen, Selbsthilfegruppen, Therapieeinrichtungen, Frauengruppen. Im Drogenbereich war sexueller Mißbrauch bei den KollegInnen Thema. Auch die eigene Betroffenheit von Frauen in meiner beruflichen Umgebung wurde wie selbstverständlich gezeigt und ausgesprochen. Überhaupt fand ich jede Menge Leute, die davon wußten, wie schwerwiegend die Konsequenzen sexueller Gewalt in der Kindheit sind. Und es war gar keine Frage, ob Hilfe für Mädchen und Frauen notwendig sei oder etwa – wie in der Bundesrepublik so häufig – ob den Mädchen wohl zu glauben sei. „Vielleicht haben sie das alles nur erfunden", ist so manches Mal die Vermutung. Das trifft ja auch Frauen, die mit viel Mühe an ihre Erinnerungen herankommen. Häufig genug müssen sie sich dann von Psychotherapeuten, Analytikern usw. sagen lassen, das sei ihre eigene Bedürfnisphantasie, der Ödipuskomplex wird zu ihren Lasten herbeizitiert etc. Das stellte sich für mich in den Staaten anders dar. Es gab eine Öffentlichkeit, in der Frauen und Mädchen Hilfe erwarten konnten und bekamen.

Anne ging aus ganz ähnlichen Gründen nach England und lernte dort Selbsthilfegruppen kennen wie die Incest Survivors in London. Sie meldete sich auf meinen Zettel in einem Berliner Frauenbuchladen:

*„**Inzest** – Suche andere Frauen, die wie ich davon betroffen sind und nicht länger schweigen wollen!"*

Marion Mebes

Vor zweieinhalb Jahren lernten wir uns also kennen, kurz nachdem wir aus dem „Exil" zurückgekehrt waren. Wir hatten beide die Erleichterung erfahren, die es bedeutete, offen über unsere Geschichte zu sprechen, Frauen zu finden, denen das gleiche geschehen war, die verstanden, worum es ging – ohne große Erklärungen. Ende 1982 machten wir uns daran, die erste Selbsthilfegruppe aufzubauen.

Wir waren nicht lange zu zweit, bald meldeten sich weitere Frauen. Wir wuchsen – was anfangs mit viel Arbeit verbunden war. (Na ja, das hat sich nicht so sehr verändert.) Doch wir haben mit unserer anfangs noch recht kleinen Gruppe eine Menge auf die Beine gestellt. Im April 1983 gab es in Berlin die erste öffentliche Veranstaltung der Bundesrepublik zu diesem Thema. Es kamen an die 150 Frauen aller Altersgruppen. Hier bildete sich die nächste Selbsthilfegruppe, und

Wildwasser-Aufkleber 1987

eine Berufsgruppe wurde gegründet. Das sind Frauen, die beruflich mit Mädchen befaßt sind und auf diese Weise mit dem Thema konfrontiert werden, ohne eine entsprechende Ausbildung bekommen zu haben. Sie formten eine Art der beruflichen Selbsthilfe.

Im Mai 1984 haben wir uns an einem Film beteiligt, der einen guten Überblick gibt über die Situation in der Bundesrepublik, verschiedene Aspekte anspricht und seitdem von uns bei Fortbildungen und Veranstaltungen als Diskussionsgrundlage benutzt wird. Wir haben viele verschiedene Artikel geschrieben, Radiosendungen gemacht, in Berlin, Westdeutschland und auch in Österreich. Ein Großteil unserer Arbeit war und ist Öffentlichkeitsarbeit.

Im Herbst 1983 hatten wir Räume in der Potsdamer Straße bezogen und begannen mit der wöchentlichen Beratung. Wir beantworteten haufenweise Briefe von betroffenen Frauen aus Westdeutschland und allen deutschsprachigen Ländern. Es schrieben Frauen und Mädchen jeden Alters, aus ganz unterschiedlichen Lebenszusammenhängen: verheiratet, mit und ohne Kinder, mit und ohne Mann. Einer der erschütterndsten Briefe war für uns der einer über achtzigjährigen Frau, die selbst nicht mehr schreiben konnte und ihrem Sekretär diktiert hatte. Nie zuvor in ihrem Leben hatte sie ein Wort über den erlebten sexuellen Mißbrauch gesagt.

Unsere Beratung war nach kürzester Zeit immer voll, und die anfallende Arbeit wurde von allen ohne Bezahlung geleistet.

Wir wollen unsere Arbeit ausbauen, z.B. eine Mädchengruppe bilden, regelmäßige offene Abende einrichten und die Öffentlichkeit noch viel, viel mehr informieren. Wie wichtig das ist, wurde erst im

Februar wieder klar, als drei von uns eine Fortbildung in der Frauenbildungsstätte Anraff-Edertal durchführten – die erste Fortbildung, die über mehrere Tage lief. Für fünf Tage trafen wir fünfzehn Frauen aus unterschiedlichen Bereichen, viele vom Notruf, betroffene Frauen, eine Psychologin, eine Kindertherapeutin. Deutlich wurde dabei wieder, daß das Ausmaß sexueller Gewalt erschreckend ist. Ebenso erschreckend ist die Unfähigkeit, die Situation beim Namen zu nennen. Dennoch wurde gleichzeitig erfahrbar, daß wir uns durch Austausch, gegenseitige Information und Gespräche stützen und helfen können, eine klare Position zu entwickeln und diese im Alltag zu vertreten.

Vom Senat wurden jetzt Mittel aus dem Selbsthilfefonds bewilligt. Das hilft, dennoch sind viele Arbeiten nicht abgedeckt.

Als Verein haben wir jetzt die Gemeinnützigkeit beantragt. Was fehlt, wird aus Spenden und Mitgliedsbeiträgen bestritten. Ihre Spenden sind herzlich willkommen.

Venedig, 1986: Wildwasser nimmt zum ersten Mal an einer internationalen Tagung teil.

Zu einer Diskussion über

Sexuellen Mißbrauch und Vergewaltigung von Mädchen durch Familienangehörige

laden wir ein: betroffene Mädchen, betroffene Mütter, betroffene Frauen und alle Frauen, die in ihrem Berufsbereich – sei es Kita, Schule, Amt, Beratungsstelle u.ä. – mit Mädchen zu tun haben.

Durch die Initiative der Frauenbewegung wurde im Verlauf der letzten Jahre die alltägliche physische und psychische Männergewalt gegen Frauen und Kinder zunehmend thematisiert und als gesellschaftliche Realität anerkannt. Die sexuelle Gewalt gegen Kinder – von der zu 90 % Mädchen betroffen sind – wird, obwohl bereits nach der offiziellen Kriminalstatistik zahlenmäßig um ein Zehnfaches höher als Kindesmißhandlung, weiter totgeschwiegen und als nicht existent angesehen.

Dies geschieht in einer Situation, in der alle 3 Minuten in der BRD und Westberlin ein Mädchen sexuell mißbraucht und vergewaltigt wird.

Wird einmal darüber gesprochen, wird die Meinung vertreten, daß solche Erlebnisse den Bedürfnissen der Mädchen nach Sexualität und Zärtlichkeit entsprechen und gar die Mädchen als die eigentlichen Verführerinnen auftreten. Oft wird auch unterstellt, solche Erfahrungen könnten „positiv und gesund, schlimmstenfalls langweilig und neutral" sein, auf keinen Fall gefährlich oder Ursache für schwerwiegende Folgen.

All dies führt dazu, daß Mädchen in ihrer Bedrängnis allein gelassen und isoliert werden und oft der sexuellen Ausbeutung jahrelang schutzlos ausgeliefert sind. Schutzlos besonders deshalb, weil der größte Teil des sexuellen Mißbrauchs durch

Väter, Verwandte und „Freunde des Hauses" im abgeschirmten Privatbereich der Familien stattfindet. Die verschiedenen Versuche der Mädchen, Unterstützung zu erhalten, scheitern. Die Folgen reichen in der Regel bis weit ins Erwachsenenalter.

Wir – eine Gruppe von betroffenen Frauen und Frauen, die mit Mädchen arbeiten – wollen über die Realität sexueller Gewalt informieren und die Gründung von Selbsthilfegruppen von Mädchen, betroffenen Frauen und Müttern anregen.

Wir planen ferner die Einrichtung von Arbeitsgruppen, in denen Frauen aller Berufsgruppen, die sich für Mädchen engagieren und mit ihnen arbeiten, Vorstellungen (z.B. Fortbildungsseminare und Unterrichtseinheiten, Beratungsangebote usw.) erarbeiten, wie Mädchen unterstützt werden können, wie sexuelle Gewalt zu verhindern ist und was wir dazu tun können.

Am 21. April 1983 um 19.00 Uhr im Mehringhof.

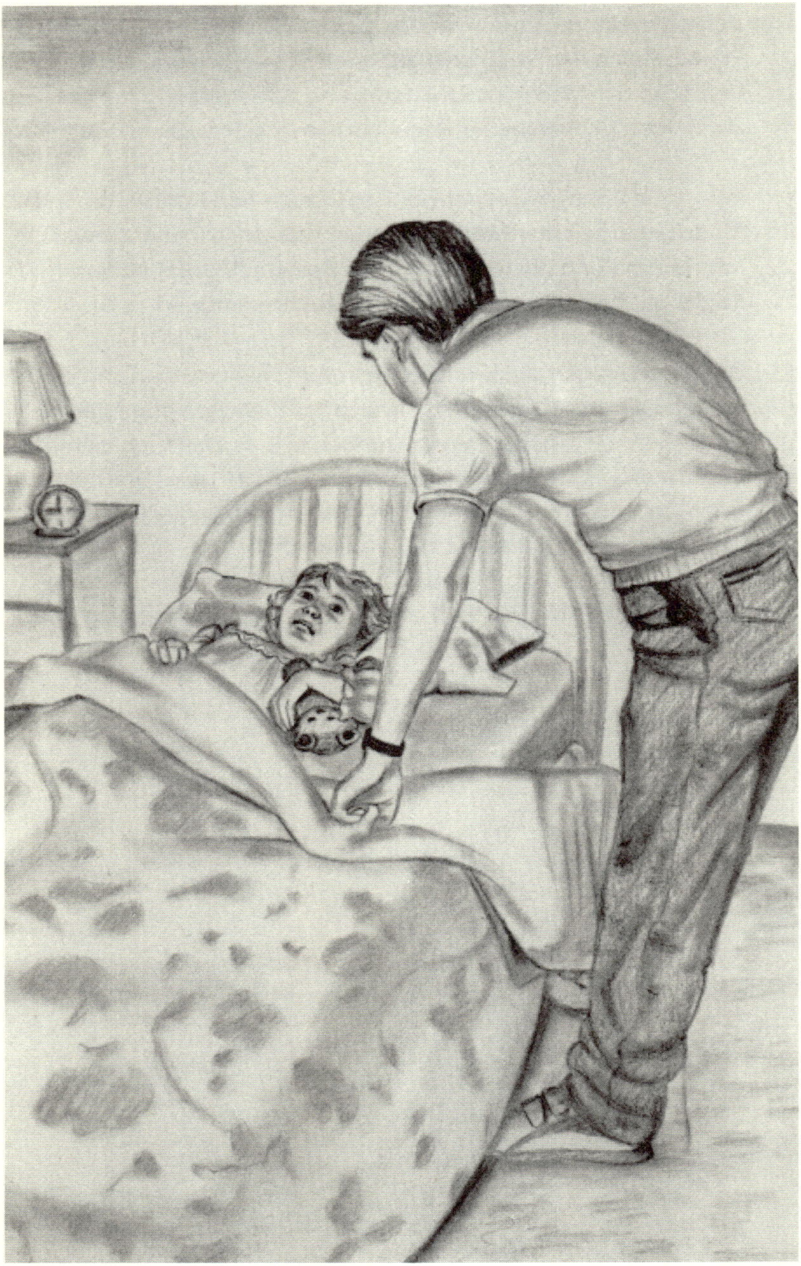

Das schreckliche Geheimnis

ein Film von Sabine Zurmühl (1984)

Zu Beginn des Films stellen sich die Frauen einer Selbsthilfegruppe vor. Sie haben sich zusammengefunden, weil alle während ihrer Kindheit sexuellen Übergriffen von Männern ihrer Familie oder deren Freunden ausgesetzt waren. Sie fühlen sich auch als Erwachsene noch immer von den Kindheitserlebnissen beeinträchtigt. Zum ersten Mal brachen diese Frauen 1982/83 damit das Schweigen. Die Gruppe berichtet über ihre Wünsche, ihre Schwierigkeiten, mit ihrem Leben und sich selbst besser umzugehen, wie sie Antworten auf Fragen finden, mit denen sie sich immer wieder quälen. Kontrovers wird der Sinn von Anzeigen und Prozessen gegen die Täter diskutiert.

Wiltrud Schenk ist Sozialarbeiterin in der Familienfürsorge und trifft auf diesem Weg Mädchen, die sexuell mißbraucht werden: eine Instanz, über die das Problem öffentlich gemacht werden kann. Sie berichtet, wie sie und ihre KollegInnen sensibler für das Thema werden und welche Hilfsangebote zur Verfügung stehen.

Zum Thema Anzeige etc. werden dann auch eine Mitarbeiterin der Kriminalpolizei und die Rechtsanwältin Ingrid Lohstöter befragt, die meist die ersten Instanzen auf dem langen Weg durch die Justiz darstellen. Angesprochen wird, warum Mädchen ihre Aussagen zurücknehmen, ob und wie ein Mädchen die Tat beweisen muß.

Im Verfahren werden oft Glaubwürdigkeitsgutachten über die Mädchen (!) angefordert, weil ihnen unterstellt wird, daß sie alles erfunden hätten. Professor Cabanis, der als Gutachter für das Forensische Institut, Berlin tätig ist, hat in langjähriger Arbeit das Gegenteil erfahren und nimmt dazu Stellung.

Thea Lorenz leiht dem Film zwei ihrer Gedichte, die eindrucksvoll die innere Zerrissenheit, Verfolgung und Einsamkeit wiedergeben, die mit dem Beginn des sexuellen Mißbrauchs Teil ihres Lebens wurden (und dem vieler anderer Frauen).

Ihre Mutter, Christel Dorpat, ebenfalls Schriftstellerin, beschreibt die Erschütterung, die sie Jahre später beim Aufdecken der Geschichte erfuhr.

In seiner Gesamtheit beleuchtet der Film viele unterschiedliche Facetten des Problems, gibt Informationen und regt zur Diskussion an.

Dieser Film wurde 1984 gedreht und mit sehr hohen Einschaltquoten im WDR und in der ARD gesendet.
Über Jahre war dies der einzige dokumentarische Film, der das Thema ausführlich behandelte und zu unzähligen Veranstaltungen, Fortbildungen und Informationsabenden ausgeliehen und immer wieder gezeigt wurde.

Jede vierte Frau wurde als Mädchen
durch
VATER
STIEFVATER
ONKEL
oder
eine andere nahestehende Person
sexuell
mißbraucht.
Wildwasser e.V.

Franziska

... und es hat weh getan

– es war nachts und die Tür war zu,
trotzdem kam er
– es war Tag und die Tür war zu,
trotzdem kam er
– ich hatte Hosen an,
trotzdem kam er dran
– ich hatte Röcke an,
und es war leichter für ihn
– später schloß er ab
und dann hat er mir weh getan
– ich war draußen
und er hat mir weh getan
– ich war im Haus
und er hat mir weh getan
– die Hände,
sie waren überall und haben Schmerz bereitet
– immer und überall waren sie und es hat so weh getan
– stellt euch vor
ich habe geschrien
– lautlos –
es hat keiner gehört
– ich hasse euch,
euch, die ihr hättet sehen müssen
und es nicht getan habt
– ihr seid genauso schlimm und ekelhaft wie er
– warum habt ihr nicht gespürt, wie weh es mir getan hat?

Wildwasser –
ein Symbol für Eigenschaften,
die wir stärken wollen:
kraftvoll, rauschend, brausend
und aufschäumend,
aber auch ruhig und gelassen,
es kann in allen Farben
schillern und bahnt sich
einen Weg durch Fels und
Gestein.
... genau so werden wir sein.
Wir werden unseren Weg
finden.

Erfahrungen mit Wildwasser

Tanja, 33 Jahre
lebt mit ihrer Familie, d.h., ihren zwei Kindern und ihrer Schwester zusammen:
„Meiner Schwester ist das gleiche passiert. Wir haben immer drüber geredet und sind zusammen von zu Hause abgehauen. Die Möglichkeit, mit anderen Frauen zu reden, fanden wir wunderbar, auch wenn wir die ganze Zeit nie wirklich allein gewesen waren mit unserer Erfahrung. Ich habe zwei Kinder, und wir haben es geschafft, jede in eine Selbsthilfegruppe zu kommen. Dann kann die andere immer die Kinder versorgen. Ich habe Glück gehabt."

Magdalene, 29 Jahre
lebt allein:
„Ich weiß ja nicht, wie andere Frauen das machen, aber ich habe einfach in so einer Sackgasse gesteckt. Ich habe am ersten Abend erzählt, was mein Bruder mir mir gemacht hat. Ich war fix und fertig, konnte das alles gar nicht mehr sortieren. Ich wußte einfach nichts mehr. Ich habe die anderen Frauen gefragt, ob das, was er mit mir getan hat, Mißbrauch war. Ehrlich – ich hätte das nicht mehr sagen können.
Irgendwie war das wie zu Hause ankommen. Die haben genickt, haben mich verstanden,

1982
1. Selbsthilfegruppe in Berlin gegründet

1983
Wildwasser – Arbeitsgemeinschaft gegen sexuellen Mißbrauch an Mädchen e.V. in Berlin gegründet; erster Verein dieses Namens in der Bundesrepublik Deutschland

Erste Berufsgruppe in Berlin für und von professionelle/n Helferinnen

1984
Arbeitsgruppe in Würzburg nimmt die Arbeit auf; Vorbereitung von **Wildwasser Würzburg** beginnt

Beratungsstelle gegen sexuellen Mißbrauch an Mädchen in Frankfurt gegründet; 1989 entsteht daraus Wildwasser

1985
Wildwasser Wiesbaden e.V. gegründet; später wird eine Beratungsstelle eingerichtet

Erste bundesweite Fachtagung im Wannseeheim für Jugendarbeit in Berlin: „Sexueller Mißbrauch von Mädchen – Strategien zur Befreiung". Aus Tagungsberichten entsteht eine Broschüre, die 8000 mal verkauft wird.

Wildwasser Stuttgart e.V. gegründet; später wird eine Beratungsstelle eingerichtet

rein gar nichts mußte ich erklären. Konnte einfach dasein und fühlte mich geborgen. So wie du dir eben ein Zuhause vorstellst."

Heinke, 39 Jahre
lebt mir ihrem Partner:
„Mit meinem Alltag komme ich eigentlich ganz gut zurecht. Sicher, es gibt so Zeiten, da könnte es besser sein. Aber ich komme klar. Vor zwei Jahren allerdings gab es ein paar schwere Monate. Meine Mutter war gestorben, und das hat viele Erinnerungen an meine Kindheit heraufbeschworen. Wenn ein Teil der Familie, egal wie schlecht sie dich behandelt haben, plötzlich fehlt, kommt dir eben einiges wieder hoch. Da habe ich wirklich gedacht, jetzt muß ich was tun.
Ich bin dann ein oder zwei Mal bei Wildwasser zur Beratung gewesen. Die Frauen dort waren ganz nett. Sie haben mir angeboten, in eine Selbsthilfegruppe zu gehen.
Erst habe ich ja überlegt, aber letztlich habe ich mich anders entschieden. Was soll ich in so einer Gruppe erzählen? Was soll das nützen? Ich komme schon zurecht. Kein Grund, in den alten Sachen zu kramen."

Rita, 28 Jahre
verheiratet, eine Tochter, ein Sohn:
„Warum ich in eine Selbsthilfegruppe gegangen bin? Na, einfach weil es so nicht weitergehen konnte. Mein Mann. Die Kinder. Die kriegen sonst doch alles ab. Vor allem die Kleine. Bei meinem Jungen geht es. Aber die Kleine – wenn ich die ansehe ... na ja, ich war auch so alt, damals. Ich kriege einfach Panik, heiße Ohren, feuchte Hände und so. Laß sie nicht aus den Augen. Ist ja nicht gut für so ein Kind, das braucht doch Freiheit.
In der Gruppe ist noch eine Mutter. Und wenn ich davon erzählen kann, das macht es leichter."

1986
Wildwasser Marburg e.V.
gegründet;
später wird eine
Beratungsstelle
eingerichtet

Selbsthilfegruppe
und Berufsgruppe
in Nürnberg
nehmen
die Arbeit auf

Sabine, 21 Jahre
Überlebende, alles andere unwichtig:
„Ohne die Gruppe wäre ich draufgegangen."

Christiane, 31 Jahre
verheiratet, lebt in einer Wohngemeinschaft:
„Ich bin wieder raus aus der Selbsthilfe. Ich konnte das nicht ertragen. Die ganzen Jahre hatte ich vernünftig sein und die Kontrolle behalten müssen, damit nicht alles aus den Fugen geriet.
In der Selbsthilfe war nichts vorgegeben. Einfach ein Chaos. Alles hätten wir erfinden und entwickeln müssen. Schon wieder hätte ich selbst ständig die Verantwortung tragen müssen. Das war mir einfach zuviel."

1987
Wildwasser Dortmund e.V. gegründet; später wird eine Beratungsstelle eingerichtet

Arbeitsgruppe in Hagen nimmt die Arbeit auf

Modellberatungsstelle in Berlin nimmt ihre Arbeit auf, angeschlossen: Zufluchtswohnung für Mädchen

Gisela, 24 Jahre
lesbisch, lebt allein:

„Meine Freundin hat mich ein Jahr angebettelt, hinzugehen. Dauernd hatte ich Erinnerungsblitze, kaum daß sie mich berührte. Im Bett war ich mit ihr schon lange nicht mehr gewesen.
Ich male viel, und sie hat sich so ihre Gedanken zu meinen Bildern gemacht. Wenn ich halbwegs erreichbar war, hat sie mir erzählt, was sie in diesen Bildern sieht. Ich glaube, ich habe sie manchmal ganz schön fertig gemacht. Sie kam mit Stapeln von Büchern nach Hause. Davon habe ich die ganze Zeit nie eines angerührt.
Vor vier Monaten hat sie gesagt, sie geht, wenn ich nicht endlich was unternehme. Erst habe ich einen Schreck gekriegt, dann wurde ich sauer auf sie; schließlich kann sie mich doch nicht einfach so mit all dem Kram allein lassen. Und dann wurde ich wütend: auf den Mann, der mir das alles eingebrockt hatte und sich Vater nennt.
Meine Angst vor der Selbsthilfegruppe kann ich kaum in Worte fassen. Unzählige Male bin ich um das Telefon herumgeschlichen, an der Beratungsstelle vorbeigelaufen. Habe einen Termin gemacht, bin krank geworden. Meine Freundin hat es nicht mehr ausgehalten und ist gegangen. Ich kann es ihr nicht verdenken.
Aber ich habe es geschafft, ich bin dann doch noch bei Wildwasser angekommen und werde wohl noch eine Weile bleiben. Es hilft."

Elke, 35 Jahre
geschieden, keine Kinder, lebt allein:
„Wenn es eine andere Möglichkeit gegeben hätte, ich hätte sie genutzt. Aber in unserer Gegend gibt es keine Therapeutin, die sich mit sexuellem Mißbrauch beschäftigt. Das wäre mir lieber gewesen. So sind es eben doch wieder eine Reihe Frauen, die was von mir wissen. Und auf dem Land, da geht ja schnell mal was rum. Wir haben zwar verabredet, daß alles in der Gruppe bleibt, was dort erzählt wird, aber ob ich mich darauf so hundertprozentig verlassen kann?
Ich fahre alle vierzehn Tage zu meiner Gruppe, die sich in einem Ort in der Nähe trifft. Sonst telefonieren wir. Manchmal geht mir das schon auf die Nerven. Ich habe das Gefühl, wenn das Telefon klingelt, ich muß immer für die anderen da sein. Nein, wenn es einen anderen Weg gäbe …
Aber immer noch lieber so, als das, was vorher war: die Verzweiflung, die Trauer, die Einsamkeit."

Wildwasser Marburg stellt eine Wanderausstellung „Sexueller Mißbrauch an Mädchen" zusammen.
Bis heute haben mehr als 100 000 Frauen und Mädchen, Männer und Jungen in der Bundesrepublik diese Ausstellung gesehen.

1988
Wildwasser Oldenburg e.V. gegründet

Wildwasser Marburg erstellt im Selbstverlag eine Broschüre: *Sexueller Mißbrauch*

Wildwasser Nürnberg e.V. gegründet; später wird eine Beratungsstelle eingerichtet

Petra, 32 Jahre
lebt allein mit ihrem Sohn:
„Mein Einkommen ist nicht hoch. Es reicht gerade so. Einen Babysitter für meinen Sohn konnte ich für abends nicht bezahlen. Nachmittags hätte er im Kindergarten bleiben können. Die Frauen wollten sich aber abends treffen. Wir konnten keinen Kompromiß finden. Ich wäre die einzige Mutter in der Gruppe gewesen. Vielleicht könnte später eine Kinderbetreuung aus den Spenden gedeckt werden. Ob ich später noch einmal den Mut finden werde, weiß ich nicht."

Erste begleitete Gruppe für ehemals süchtige Frauen, die als Mädchen mißbraucht wurden, in Berlin

Wildwasser Nürnberg veröffentlicht im Selbstverlag: *Gegen sexuellen Mißbrauch an Mädchen – Juristischer Leitfaden für Helfer/innen*

Karin, 19 Jahre
lebt bei ihrer Mutter:
„Meine Mutter, ausgerechnet meine Mutter kam mit einem Faltblatt nach Hause. Sie war zu einer Filmveranstaltung gewesen. Sie sagte, daß eines der Mädchen im Film sie an mich erinnert hätte. Als sie damals mitbekommen hatte, daß mein Vater die Zeit ausnutzte, die sie zum Einkaufen unterwegs war, um sich an mir zu vergreifen, hat sie ihn sofort rausgeschmissen. Sie ist zur Beratung gegangen und hat alles mögliche unternommen, um mir zu helfen; sicherlich auch um ihr schlechtes Gewissen zu beruhigen. Ich hab ihr das zwar hoch angerechnet, war aber trotzdem immer auf der Hut. So richtig trauen konnte ich ihr nicht.
Als sie mit dem Faltblatt kam, habe ich gedacht, es wäre wohl richtig, wenn ich anfangen würde, mich um mich selbst zu kümmern. Das habe ich gemacht. Ich bin die Jüng-

ste in der Selbsthilfegruppe. Das ist manchmal komisch, aber auch wieder ganz gut. Wenn ich die Frauen sehe, die zehn Jahre älter sind als ich und sich so lange verstecken mußten und niemanden hatten, mit der sie reden konnten, dann bin ich sehr froh, daß ich meine Mutter hatte."

Gertrud, 34 Jahre
lebt allein mit ihrem Hamster:
„Ich fand das schwer. Ich bin nicht mehr in der Selbsthilfe. Ich kann manchmal nicht aus dem Haus. Ich trau' mich nicht. Schon der Gedanke daran treibt mir Schweißperlen in den Nacken. Anfangs schien das einfach zu lösen. Die Selbsthilfefrauen kamen zu mir nach Hause. Doch auf Dauer waren nicht alle einverstanden. Es gab Auseinandersetzungen, und wir suchten einen anderen Treffpunkt, und ich habe mich bemüht, meine Angst zu überwinden. Ich fühlte mich mit diesem Problem aber letztlich nicht verstanden. Wie sollte ich erklären, daß ich zu zittern beginne, sobald die Tür zu meiner Wohnung hinter mir ins Schloß fällt? Daß ich nicht mit dem Bus fahren kann, weil mir alles zu dicht, zu eng ist. Ich bin dann weggeblieben. Einmal hat noch eine angerufen und mich gefragt, wieso ich nicht mehr komme. Aber mir fehlte das Gefühl, daß es sie wirklich interessiert. Ich glaube, sie waren eher froh, sich mit solchen Problemen nicht auch noch befassen zu müssen."

1989
Wildwasser Würzburg e.V. gegründet; Eröffnung einer Beratungsstelle, die kontinuierlich ausgebaut wird

Wildwasser im Feministischen Frauengesundheitszentrum e.V. in Frankfurt gegründet

Wildwasser Hagen e.V. gegründet

Wildwasser Oldenburg eröffnet eine Beratungsstelle

Wildwasser Minden e.V. gegründet; später wird eine Beratungsstelle eingerichtet

Wildwasser Verden e.V. gegründet

Arbeitskreis in Hildesheim nimmt die Arbeit auf

Selbsthilfegruppe in Bielefeld entsteht

Wildwasser Oldenburg eröffnet eine Beratungsstelle

1990
Wildwasser Marburg erstellt einen Katalog zu ihrer Ausstellung

Wildwasser Gießen e.V. gegründet; ein halbes Jahr später offizielle Eröffnung einer Anlaufstelle

Wildwasser Bochum e.V. gegründet

1991
Wildwasser Bielefeld e.V. gegründet

Wildwasser Hildesheim e.V. gegründet

Wildwasser Berlin bereitet eine Beratungsstelle in Ost-Berlin vor. Nach Auslauf der Modellfinanzierung wird die Weiterfinanzierung des Projektes in West-Berlin davon abhängig gemacht, daß der Verein die Aufbauarbeit in Ost-Berlin zusätzlich übernimmt.

Beate, 27 Jahre
lesbische Mutter einer Tochter:
„Die Gruppe hat mir damals sehr geholfen. Als einzige Lesbe war ich allerdings etwas isoliert. Vor allem glaubten einige, daß du bestimmte Schwierigkeiten mit Körper und Sexualität gar nicht haben könntest, weil du nicht mit einem Mann im Bett konfrontiert bist. Den Teil konnte ich erst viel später mit anderen Lesben besprechen."

Vera, 41 Jahre
teilt mit anderen ein großes Haus; die erwachsene Tochter wohnt unter dem Dach:
„Ich war fast drei Jahre in einer Selbsthilfegruppe bei Wildwasser. Eine lange Zeit und eine wichtige Zeit, um Klarheit in meine Gedanken zu bringen. Aber trotz allem Reden bin ich an vieles nicht herangekommen. Vielleicht waren wir zu vorsichtig miteinander. Wir hatten hier und da Reibereien, die uns angst machten. Ich habe beispielsweise einmal erzählt, wie sehr mein Freund mich unterstützt. Das konnten einige kaum glauben oder akzeptieren. Darüber wurde jedoch nie gesprochen. Die Gruppe war so ein Nest, das sollte warm und gemütlich bleiben. Heute denke ich, daß es vielleicht genau das war, was wir brauchten. Wer weiß.
Heute mache ich eine Einzeltherapie. Nun komme ich an tiefere Schichten, ganz und gar nicht harmonisch verläuft das. Vielleicht geht das, weil mir die Zeit der Selbsthilfe erst mal einigermaßen festen Boden unter den Füßen verschafft hat."

Eva-Maria, 36 Jahre
lebt allein mit einer Tochter:
„Ich habe erst in der Stadt gelebt. Dort erlebte ich die ersten Jahre, wie ein Projekt gegen sexuellen Mißbrauch an Mädchen aufgebaut wurde. Erst sah ich mir das von außen an; ich beschäftigte mich zwar schon seit einer Weile mit dem Thema, las Bücher, aber mehr noch nicht. Ich bin Lehrerin, und in der Schule müssen die Mädchen das irgendwie mitbekommen haben. Es gab auf einmal mehrere Fälle, wo Mädchen sich mir anvertrauten, meine Hilfe suchten. Das veranlaßte mich, selbst in die Arbeit einzusteigen. Es war sehr anstrengend. Wir mußten viel Überzeugungsarbeit leisten, damit die Menschen aufmerksam wurden. Viele meiner KollegInnen haben mir vorgeworfen, ich würde immer und überall nur noch sexuellen Mißbrauch sehen.
Manchmal hatte ich selbst schon fast das Gefühl. Vor allem, als ich in meiner eigenen Geschichte anfing, Haken und Lücken zu entdecken. Ich wollte es zuerst nicht wahrhaben und erzählte einer anderen Frau im Projekt davon. Ich glaube, sie fragte mich damals, was wohl meine Antwort wäre, wenn eine andere Frau mir dieselbe Geschichte erzählen würde.
Es hatte etwas Merkwürdiges, im eigenen Projekt in eine Selbsthilfegruppe einzusteigen, wo die Anleiterinnen der Gruppe kurz zuvor noch meine Kolleginnen im Beratungsteam gewesen waren.
Vor kurzem bin ich aufs Land gezogen, arbeite aber weiter im Projekt. Meine Dorfnachbarinnen wissen von meiner Arbeit. Die meisten

1992
Wildwasser Hildesheim bezieht eigene Räume

Wildwasser Bielefeld bezieht eigene Räume

Wildwasser Stuttgart erhält eine feste Finanzierung

Wildwasser Marburg gibt ihr Buch *Aus Anderer Sicht – Sexuelle Gewalt gegen Mädchen und Frauen* im Selbstverlag heraus

Wildwasser Wetterau e.V. gegründet; eine Beratungsstelle wird eingerichtet

Außerdem entstanden im Laufe der Jahre:

Wildwasser Augsburg

Wildwasser Darmstadt

Wildwasser Duisburg

Wildwasser Freiburg

Wildwasser Karlsruhe

Wildwasser Köln

Wildwasser Kreis Groß-Gerau

Wildwasser Ludwigshafen

Wildwasser Würzburg

hatten schon mal etwas im Fernsehen gesehen oder einen Artikel in der Zeitung gelesen. Eine hat sich sogar ein Buch bei mir ausgeliehen.
Was für eine Veränderung im Laufe der Jahre! Ich glaube, wer die schwierigen Anfänge einer Wildwasser-Gruppe nicht erlebt hat, kann das kaum nachvollziehen."

Annemarie, 45 Jahre
lesbisch, lebt mir ihrer Lebensgefährtin und zwei Katzen:
„In der Zeitung las ich etwas über Wildwasser. Selbsthilfeerfahrung hatte ich schon vorher. Ich war einige Jahre bei den Anonymen Alkoholikern. Das hat mir damals die erste Hälfte des Lebens gerettet, wenn du so willst. Jetzt bemühe ich mich um die zweite Hälfte.
Im Laufe der Zeit bei den AAs kamen mir die ersten Erinnerungen, aber ich konnte in der Gruppe nicht darüber reden. Es waren Männer dabei. Das hat mich gehemmt. Und es war wohl auch so, daß ich noch nicht so weit war.
Bei Wildwasser mußte ich sechs Wochen auf einen Termin warten. Und dann noch mal acht Wochen, bis eine Gruppe zusammen war. Die erste Zeit habe ich fast nur geweint. Ich war so froh, nicht mehr allein zu sein."

Diese Aufzählung ist mit Sicherheit nicht vollständig. Ich habe von einigen Initiativen in der Bundesrepublik gehört, die Wildwasser gründen wollen. Vermutlich sind auch einige Vereine gegründet worden, ohne daß bei uns genaueres bekannt wurde. Soweit Eure Initiativen hier nicht aufgeführt sind, bitten wir Euch, Eure Informationen an uns weiterzuleiten, damit Ihr in die Liste der Anlaufstellen, die bei Donna Vita geführt wird, aufgenommen werdet.

Marion Mebes

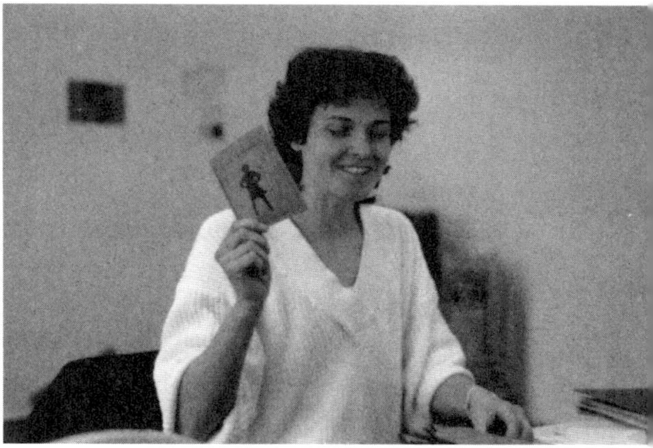

Die Wildwasser-Modellberatungsstelle in Berlin öffnet ihre Türen. Anne Voss informiert die Presse.

Franziska

nur ihr und ich!

nur ihr und ich wissen wie es ist
nach außen zu lachen und drinnen zu weinen

nur ihr und ich wissen wie es ist
nach außen stark und drinnen schutzbedürftig zu sein

nur ihr und ich wissen wie es ist
nach außen lügen zu müssen und drinnen die wahrheit zu ahnen

nur ihr und ich wissen wie es ist
nach außen zu schweigen und drinnen so viele fragen zu haben

nur ihr und ich wissen wie es ist
in der realität zu existieren und im traum zu leben

nur ihr und ich wissen wie es ist
ihn nach außen zu hassen und drinnen doch zu mögen

im grunde wissen nur ihr und ich –
also wir,
wie es ist wenn …!

Warum wir uns Wildwasser genannt haben?

Das können am besten die Frauen aus den Vereinen selbst beantworten. Einige Zitate, die für viele stehen, sind hier zusammengestellt:

„Der Name Wildwasser ist in den letzten zehn Jahren zu einem politischen Symbol geworden. Die Projekte verstehen die Existenz von sexuellem Mißbrauch als einen Ausdruck patriarchaler Machtausübung an Körper und Seele des Mädchens."

„Feministisches Fundament – Konsequenz daraus: geschützte Räume für Mädchen und Frauen, parteilicher Ansatz, keine Täterberatung – Sichtbarmachen der ideellen und inhaltlichen Verbundenheit in der ganzen Bundesrepublik – Vernetzungsgedanke im Sinne von Erfahrungsaustausch etc."

„Die Zuordnung war natürlich inhaltlicher, sprich: feministischer Natur. Die Ursachen für den sexuellen Mißbrauch sehen wir in der patriarchal organisierten Gesellschaftsordnung und den sexuellen Mißbrauch somit als Ausdrucksform der strukturellen Gewalt gegen Frauen und Mädchen. Außerdem wollten die Gründungsfrauen Angebote für betroffene Mädchen und Frauen machen und nicht für Jungen. Das hat sich auch auf dem Hintergrund der aktuellen Zahlendiskussion zum Thema Mißbrauch an Jungen nicht verändert."

„Zusammenfinden, Stärke entwickeln – Wildwasser symbolisiert die Lebendigkeit und die Lebenskraft, mit der Mädchen und Frauen sich trotz der erlebten Gewalt ihren eigenen Weg bahnen."

„Beschäftigung mit dem Thema sexueller Mißbrauch auf feministischem Hintergrund."

Die Hölle ist nicht heiß,
es brennt kein Feuer dort.
Sie ist kalt!
So kalt, daß Du meinst,
Deine Seele werde zu Eis.
Du traust Dich nicht, Dich zu bewegen,
denn dann könntest Du zerspringen.
Wo Feuer ist, ist es auch hell,
vielleicht von Wut und Rache.
Aber in der Hölle ist es dunkel,
stumpf und dumpf
spitzes Eis, spröde und scharf.
Deine Haut bleibt kleben
und wenn Du Dich bewegtest,
würde die Seele zerspringen.

Mai 1991
Christiane

Wer darf sich Wildwasser nennen?

Wildwasser dürfen sich Frauengruppen nennen, die parteiliche Beratung für Frauen und Mädchen in Fällen von sexuellem Mißbrauch anbieten, eine Berufsgruppe haben, d.h., Zusammenarbeit zwischen betroffenen und nicht betroffenen Frauen, eine oder mehrere Selbsthilfegruppen haben bzw. anbieten. Sie sollten das Verständnis haben, daß sexueller Mißbrauch kein Familienproblem, sondern Ausdruck von Männergewalt gegen Frauen und Mädchen ist.
Jungen und Männer können auf Wunsch des Mädchens oder der Frau als deren Vertrauensperson hinzugezogen werden; oder sie werden als betroffene Geschwister auch beraten.
Es wird keine Tätertherapie geleistet, wohl aber Konfrontationen (nach gründlicher Überlegung und Vorbereitung).
Ebenfalls können Männer, die beruflich mit betroffenen Mädchen und Frauen zu tun haben, beraten werden und an Informations- und Fortbildungsveranstaltungen teilnehmen.

Wildwasser stellt ein bestimmtes Modell dar. Diese Kriterien wurden bei Wildwasser Berlin zusammengestellt. Vereine in Gründung, die den Namen für ihr Projekt übernehmen wollen, werden gebeten, diese Kriterien für sich zu prüfen und gegebenenfalls einen anderen Namen zu wählen, wenn sie diesen Grundprinzipien nicht folgen wollen oder können.

Damit soll gewährleistet werden, daß diejenigen, die sich an Wildwasser wenden, an allen Orten ein gleiches Grundkonzept erwarten können.

Die meisten Gruppen wenden sich direkt an Wildwasser Berlin. Sie fragen an, ob sie den Namen übernehmen dürfen oder informieren über ihre Vereinsgründung.

Marion Mebes (1991)

Anna

Anna
war ungefähr vier.

Da gab es noch einen älteren Bruder, aber der war eigentlich schon groß. Denn der ging schon zur Schule.

Anna mochte den Kindergarten nicht. Deshalb hatten die Eltern wohl beschlossen, daß sie zu Hause bleiben sollte.
Erika, die Mutter, ging ohnehin nicht arbeiten. Hans, ihr Mann, hatte das strikt abgelehnt.
Außerdem sollte Anna schließlich ordentlich versorgt werden. Und wenn man das wollte, brachte man die Kinder nicht in den Kindergarten. Kindergarten war nur für die, die arbeiten mußten und keine Zeit für ihre Kinder hatten. Das war bei ihnen nicht so. Was er verdiente, war nicht gerade üppig, aber sie konnten ganz ordentlich davon leben.

Anna hatte Locken und war die von ihm ersehnte Tochter.
Erika wollte eigentlich keine Kinder mehr, aber für eine Abtreibung war es diesmal zu spät gewesen.
Anna wurde also von Erika versorgt und von Hans verhätschelt.
Anna erinnerte sich später, daß er sie auf dem Schoß wiegte, wenn sie krank war, sie ins Bett brachte und Geschichten erzählte und ihr Bilder malte von Vögeln und Fischen und Flugzeugen.
Das heißt, wenn er nicht wieder bis spät in die Nacht gearbeitet hatte, was oft vorkam und fast immer damit verbunden war, daß er betrunken nach Hause kam.

Ja, so ungefähr war das für Anna mit vier.
Ein aufgewecktes, kluges Mädchen.

Wenn Erika allerdings ihre Tochter so ansah, fiel ihr manchmal auf, daß diese etwas Kühles, Distanziertes an sich hatte. Sie konnte sich keinen Reim darauf machen. Zuletzt entschied sie, daß sie das wohl von ihrem Vater geerbt haben mußte. Wie oft war der nicht von dieser Welt mit seinen verrückten Ideen, die er dann im Bier ertränkte, weil sie nicht in diese Welt paßten.

Erika fand das widerlich, hatte sich aber sowohl damit abgefunden als auch mit der Tatsache, daß Anna sich mehr und mehr zurückzog, je älter sie wurde.

Daß ihr Mann nachts durch die Wohnung streifte, weil er nicht schlafen konnte, entlastete sie eher. Dann schnarchte er ihr wenigstens nicht ins Ohr. Er saß Stunden in der Küche und rauchte. Immer und überall mußte sie hinter ihm herräumen. So fand sie dann morgens auch immer die vollen Aschenbecher. Er rauchte nachts und spann an seinen verrückten Ideen herum. Das glaubte sie jedenfalls.

Anna jedoch hat noch heute das leise Klirren der Scheibe der Kinderzimmertür im Ohr. Sie kennt seinen gedämpften Atem, der sich in ihren Kopf drängt. Sie weiß, wie er riecht, wenn er getrunken hat. Sie weiß, wie er riecht, wenn er nicht getrunken hat. Sie spürt, wie er seine Schritte lautlos werden läßt und fühlt sich zerquetscht, wie die Fasern des Teppichs unter seinem Gewicht.
Die Kälte, die sich in ihr ausbreitet, schmerzt ebenso wie sein unausweichliches Näherkommen.
Seit ihrem vierten Lebensjahr ist ihr unbegreiflich, wie seine Hände, die sie zu anderen Zeiten zart wiegen konnten, in diesen nächtlichen Begegnungen zu mächtigen Krallen wurden, die ihre Haut in Streifen reißen; wie sein Mund, der sonst so schöne Geschichten erzählte, zu diesem fürchterlichen Rachen wurde und drohte, sie aufzufressen.

Er fällt über sie her, dringt in sie ein, löscht sie aus.

Am Morgen, während ihre Mutter den Aschenbecher säubert, wundert sich Anna, daß sie selbst noch da ist, daß ihre Haut heil ist und ihr nicht in Streifen vom Körper hängt.
Es klingelt. Es ist Samstag. Hans hat frische Brötchen geholt. Es gibt ein Frühstücksei.
„Alle sind wie immer", denkt Anna dann.
„Ich muß mich geirrt haben."

Es war nicht das, was es war. Es war ganz anders. Wenn sie alle so sind wie immer, muß es einfach anders gewesen sein. Aber sie wußte nicht, wie. So entstanden Zweifel und wurden zu Lücken und Löchern in ihren Erinnerungen.

Anna ist heute 42. Nur mühsam erobert sie sich ihre Kindheit, die voller Widersprüche steckt. Manchmal ist ihr diese Kindheit auch so verhaßt, daß sie nichts mehr davon wissen will.
Und sie zweifelt auch heute noch oft an ihrer Wahrnehmung. Vielleicht hatte sie sich doch geirrt.

Aber sie weiß, daß sie nur wieder ganz leben kann, wenn ihre Lücken gefüllt sind. Wenn nicht mit Erinnerungen, dann wenigstens mit dem Glauben daran, daß auch sie ein Kind gewesen war.

Barbara Kavemann (1985)

Für Mädchen Partei ergreifen

Wenn wir vom sexuellen Mißbrauch von Mädchen durch Männer ihrer Familie sprechen, wird uns mit „Kinderschutz" geantwortet. Selbstverständlich ist Kinderschutz wichtig, und das Prinzip „helfen statt strafen" hat für weite Bereiche der Arbeit mit Mißhandlung seine Berechtigung. Aber wir haben es hier mit einem besonderen Problem zu tun, dem ein herkömmliches Verständnis von Kinderschutz ebensowenig gerecht wird wie eine Therapie, die die ganze Familie erhalten soll oder eine Familienpolitik, die vorrangig die Familie schützt und fördert. Seit Frauen Mißhandlung, Vergewaltigung und sexuellen Mißbrauch von Mädchen öffentlich diskutieren, sind uns immer wieder Erklärungsmodelle und wissenschaftliche Theorien entgegengehalten worden, die dazu dienen, Schmerz und Verzweiflung von Frauen zu individualisieren und die Lösung des Problems den betroffenen Mädchen und Frauen selbst aufzuhalsen. Wir haben seit Jahren darum kämpfen müssen, als Frauen nicht als selbst schuld an der an uns verübten Gewalt bezeichnet zu werden oder daß gar diese Gewalt zu unserem Wunsch erklärt wird. Es ging uns darum, das Machtverhältnis zwischen den Geschlechtern zu verdeutlichen, das sich quer zu allen anderen Machtverhältnissen, Klassen, Schichten, Altersgruppen durch die Gesellschaft zieht. Offen, subtil und allgegenwärtig wirkt in unserem Alltag diese Gewalt: eine allgemeine Mißachtung der Persönlichkeit von Frauen, ihrer Fähigkeiten und Bedürfnisse.

Aber es hat bisher nicht genügt, eine gründliche Analyse dieser Machtverhältnisse zu geben. Die Situation von Frauen und Mädchen hat sich strukturell nicht geändert. Anders geworden ist nur teilweise die öffentliche Diskussion: Unsere Gesellschaft, zu deren Strukturelementen Erziehung, Strafe und Belohnung, Angst und Anpassung gehören, stellt sich mit Vorliebe auf die Seite der Stärkeren. Wenn ein Mann seine Frau schlägt, dann wird er einen guten Grund gehabt haben. Wenn ein Vater seine Tochter vergewaltigt, dann wird sie ihn provoziert haben. Wenn Erwachsene Kinder mißhandeln, dann werden sie Strafe verdient haben ... Das war schon immer so. Neu ist, daß wir aus dem Mund von Experten und politisch Verantwortlichen in letzter Zeit immer häufiger sorgenvoll das Wort „Opfer" hören. Frauen haben lange darum gekämpft, daß den Mädchen und Frauen, die von Gewalt betroffen sind, nicht noch der Opferstatus aberkannt wird. Wenn wir uns jetzt damit auseinandersetzen, daß öfter von den Opfern der Gewalt die Rede ist, stellen wir fest, daß wir uns zu früh gefreut haben.

Der Mann wird zwar zum Gewalttäter erklärt, seine Tat aber mit den gesellschaftlichen Verhältnissen oder dem Versagen von Frauen entschuldigt. Die Mädchen und Frauen werden zwar zum Gewaltopfer erklärt, aber als das „ewige Opfer" auf diese Rolle festgeschrieben. Deutlich wird das im Vokabular von Texten aus Forschung und Politik, in denen wir nur schwer erkennen können, daß hier von Mädchen und Frauen die Rede ist. Es geht um einen „viktimisierten Personenkreis", um „potentielle Opfer" oder „prädestinierte Opfer", um die „Opfer der Opfer", natürlich auch um die „Opfer der Verbrechen ohne Opfer". Auf jeden Fall Opfer, daran scheint sich nichts zu ändern. Obwohl gerade dies geändert werden sollte. Niemand scheint mehr Probleme damit zu haben, jede Frau als potentielles Opfer männlicher Gewalt zu sehen, wogegen es unverändert schwerfällt, in jedem Mann den potentiellen Mißbraucher, Vergewaltiger oder Mißhandler zu sehen und den Mädchen und Frauen die Chance offenzulassen, dem Opfer-Werden zu entgehen.

Mädchen und Fauen haben anderes im Sinn, als sich in einer ihnen aufgezwungenen Opferrolle einzurichten. Wir haben gelernt, daß wir uns gegenseitig selbst stärken, schützen und helfen müssen. Wenn wir es nicht tun, wird es niemand tun. Jedenfalls nicht in unserem Sinn. Alle geschlechtsneutralen Lösungsmöglichkeiten vom Reden über die Gewaltopfer bis zu großen Worten über Kinderschutz verhindern nur, daß Hilfe da ansetzt, wo sie wirksam Veränderungen herbeiführen kann. Es sind nicht „gesellschaftliche Mißstände" oder „Familien", die Mädchen mißbrauchen und vergewaltigen, sondern es sind Männer, die das tun, und die Tatsache, daß es weiterhin tagtäglich geschehen kann, ist ein gesellschaftlicher Mißstand. Es sind nicht „Kinder", die mißbraucht und vergewaltigt werden, sondern es sind zu etwa 80% Mädchen. Es handelt sich nicht um einen „viktimisierten Personenkreis", sondern um Mädchen, deren Kindheit ein Jahre dauernder Alptraum ist, und um Frauen, die weitere Jahre und Jahrzehnte mit den Folgen und Erinnerungen leben müssen.

Die betroffenen Mädchen und Frauen sind die Expertinnen für das Problem. Niemand weiß so gut wie sie, was es tatsächlich bedeutet, als Kind in der Familie sexuell mißbraucht zu werden, und niemand weiß so gut wie sie, was hätte helfen können und was heute helfen kann. Wir müssen sie ernst nehmen, statt sie auszugrenzen und ihnen mit Rezepten zu begegnen, die ihnen nicht helfen.

Um wirksame Hilfsmodelle zu schaffen, müssen wir den Ursachen dieser sexuellen Gewalt Rechnung tragen, d.h., wir müssen davon ausgehen, daß das Macht- und Gewaltverhältnis zwischen Männern und Frauen unsere Lebensbedingungen prägt. Dieses Macht- und Gewaltverhältnis wirkt jenseits vom individuellen guten Willen einzelner Männer oder der Ignoranz einzelner Frauen.

Um sexuell mißbrauchten Mädchen Hilfe bieten zu können, müssen sich die Verantwortlichen endlich dazu durchringen, parteiliche und spezifische Flucht-, Schutz- und Beratungsangebote für Mädchen zu machen. Das verbreitete Bedürfnis, sich den Geschlechtern gegenüber neutral zu zeigen, aus Mädchen wieder Kinder und aus Vätern wieder Eltern zu machen, ist nicht nur peinlich, sondern verheerend.

Die ebenso verbreitete Angst, Männern unrecht zu tun, alle in einen Topf zu werfen und sich damit der Kritik auszusetzen, sollten all diejenigen ablegen, die ernsthaft wollen, daß sich die Situation von Mädchen ändert.

Von professionell und politisch Verantwortlichen erwarten wir – vor allem dann, wenn sie Frauen sind – eine Souveränität und ein betontes, demonstratives Eintreten für die Interessen der Mädchen. Hilfs- und Schutzangebote für Mädchen sollen in erster Linie Partei nehmen für die betroffenen Mädchen, ihnen Möglichkeiten bieten, ihre Persönlichkeit zu stabilisieren, Schmerzen, Angst und Verzweiflung zu verarbeiten, an sich selbst zu denken und eine Perspektive für ein Weiterleben zu erarbeiten. Alles andere ist von zweitrangigem Interesse. Wenn es stimmt, daß nicht alle Männer so sind, dann wird das Mädchen im Laufe ihres Lebens genug Gelegenheit finden, das zu überprüfen. Jetzt aber steht sie im Mittelpunkt, und eine gute Hilfe sind die Beispiele von Frauen, die es geschafft haben, den Mißbrauch zu überleben.

Der Vertrauensbruch durch eine geliebte oder nahestehende Person ist das Schlüsselerlebnis des sexuellen Mißbrauchs in der Familie. Vertrauen ist also eine Voraussetzung für Hilfe und Veränderung – und es ist so schwer herzustellen nach diesen Erlebnissen. Die Begegnung mit anderen betroffenen Mädchen und Frauen hilft hier weiter. Schuldgefühle können langsam überwunden, Gefühle zugelassen werden. Von Mädchen, die vom Vater oder einem ähnlich vertrauten Mann in ihrem Vertrauen hintergangen worden sind, kann nicht erwartet werden, daß sie Männern Vertrauen entgegenbringen.

Mädchen wachsen auf unter Lebensbedingungen, die bis heute Gewalt gegen Frauen und Mädchen verharmlosen und für selbstverständlich erklären. Mädchen brauchen eine Orientierungsmöglichkeit, daß eine Frau auch alleine etwas wert ist, daß Mädchen ihre Familien verlassen können, wenn sie dort bedroht und mißbraucht werden, daß sie eigene Bedürfnisse und Wünsche und Pläne haben dürfen und eine eigene Persönlichkeit sind, die andere zu respektieren haben.

Das lernen Mädchen am besten gemeinsam mit anderen Mädchen und Frauen, die sich der Strukturen geschlechtsspezifischer Unterdrückung bewußt sind. Deshalb brauchen gerade sexuell mißbrauchte Mädchen autonome und parteiliche Hilfen: Mädchengruppen, Mädchenschutzhäuser, mädchenspezifische Therapiemöglichkeiten und Alternativen zum Leben in der Familie. Sie sind darauf angewiesen, daß wir für sie Partei ergreifen.

Sonja Hameter

KIND – ER

Kind-Haft. Du Kind.
Ausgesetzt dem Er.

Nun nicht mehr Kind.
Er nahm das Kindhafte von Dir.
Ohne Befugnis.
Die Haft blieb zurück.
Sperrt Dich ein. – Oder aus?
Trotzdem, nimmt ER sich Zutritt.
Mit Gewalt.
ER ist Herr Deines Hauses.
Benutzt Dich.
ER.

Kannst nicht mehr Kind sein.
ER hat Dich bestohlen:
Um Dein Fühlen, Deine Tränen,
das Lachen, das Kind in Dir.

Karmen (1986)

Ihr sollt nicht sagen, ihr haßt es nicht

Aus Angst vor den Übergriffen des Stiefvaters schlief eine Siebenjährige monatelang völlig bekleidet und wartete schon in den frühen Morgenstunden vor der Schule auf den Unterrichtsbeginn. Der Hausmeister wunderte sich, die Mitschüler klagten über ihren Geruch, die Lehrer beobachteten sie, ohne nachzufragen. Ein Einzelfall?

„Ich hatte mehrere Sportunfälle, weil ich betrunken war. Die Lehrerin hat mich immer mit Gehirnerschütterung ins Krankenhaus gebracht, und damit war der Fall erledigt. Später wurde ich wegen dem Trinken gemahnt und mir mit Benachrichtigung meiner Eltern gedroht. Unterhalten hat sich niemand mit mir."

Damals war sie zwölf Jahre alt und wurde seit geraumer Zeit nicht nur vom Vater mißhandelt, sondern auch von drei erwachsenen Brüdern vergewaltigt.

Wenn so auffallendes Benehmen schweigend übergangen wird, dann wird sich das Mädchen keine Hilfe von seiten der Schule mehr versprechen. Dabei wünscht sie sich nichts dringender, als angesprochen zu werden, nicht die einzige zu sein, die das erlebt, nicht die erste zu sein, die das Schweigen bricht, wünscht sich, ihre Angst mitteilen zu können, ihre Schuldgefühle abgenommen zu bekommen.

Tatsache ist, daß viele Lehrerinnen und Lehrer ihre Augen und ihr Bewußtsein vor der Problematik des sexuellen Mißbrauchs verschließen. Sicher, die Mädchen sagen nicht laut und deutlich, was mit ihnen geschieht und worunter sie leiden. Scham, Angst und vor allem die Verantwortung für das weitere Schicksal der Eltern und der Geschwister hindern sie am Reden. Oft ist es ihnen direkt verboten worden, oder sie glauben, die Mutter vor der Wahrheit schützen, die Geschwister vor der Einweisung in ein Heim bewahren zu müssen.

Um welche Wahrheit geht es, daß eine Hilfesuche vor Vergewaltigung und sexuellen Übergriffen unmöglich erscheint?

Jedes Jahr werden in der Bundesrepublik einschließlich Westberlin ca. 300 000 Kinder sexuell mißbraucht. Mindestens 250 000 von ihnen sind Mädchen. Nur 6 % der Täter sind für die Mädchen völlig fremd. Etwa ein Drittel sind gute Bekannte, Nachbarn, Freunde und Verwandte, mehr als ein Viertel sind Väter, Stiefväter oder vaterähnliche Männer, die in derselben Wohnung wohnen. Entgegen manchen Annahmen handelt es sich nicht um einmalige Ausrutscher, z.B. durch Alkohol verursacht, sondern der Mißbrauch zieht sich in über 50% aller Fälle über mehrere Jahre hin und betrifft oft mehrere Geschwister gleichzeitig oder der Reihe nach. Die Mädchen sind meist zwischen vier und acht Jahre alt, wenn die sexuellen Übergriffe beginnen, oder sie befinden sich in der Pubertät. Mit zunehmendem Alter können die sexuellen Handlungen intensiver werden, Vergewaltigungen kommen in jedem Alter vor.

Und die Männer? Sie gehören allen gesellschaftlichen Schichten an, sie sind weder krank noch von einem außergewöhnlichen Sexualtrieb beherrscht und unterscheiden sich nicht von anderen vergewaltigenden Männern. Sie sind in ihrem Auftreten eher unauffällig und angepaßt. Und diese Zahlen und Fakten sind nicht etwa von fortschrittlicher Frauenforschung zusammengetragen, sondern in Untersuchungen des Bundeskriminalamtes und ähnlicher Literatur nachzulesen.

Das ungeheure Ausmaß sexueller Gewalt gegen Mädchen wurde bisher genauso verschwiegen wie die Tatsache, daß Mädchen besonders im sozialen Nahraum und in der Familie gefährdet sind. So waren und sind Mädchen der Rücksichtslosigkeit und Verfügungsgewalt der sie umgebenden Männer einsam und ohne Hilfe ausgesetzt. Wer glaubt ihnen denn diese Geschichte?

Die übliche Aufklärung und Erziehung warnt nur vor dem fremden Mann und läßt die Mädchen in eine Falle laufen, in der sie sich vor der unerwarteten Gefahr gar nicht schützen können. Väter gelten nicht als Täter, sondern als Beschützer. Dies vergrößert nicht nur die Vertrauensseligkeit und Unbefangenheit der Mädchen, sondern auch ihr Ausgeliefertsein. Daß die Täter angepaßt leben und aus Familien jeder Schicht, jeder Berufs- und Altersgruppe kommen, besagt, daß wir nicht in einer Welt leben, in der sich gute und böse Männer klar voneinander unterscheiden und in der von vornherein feststeht, wo die guten zu finden sind. Hier gerade liegt die Brisanz und die Ursache für das Tabu.

Angst, Scham und Schuld – so reagieren die Mädchen auf das ihnen völlig unverständliche Erlebnis. Jede Möglichkeit, Erwachsenen zu trauen, ist dahin, alle Werte und Maßstäbe für ein Leben in Familie und Gemeinschaft geraten ins Wanken, wenn der Vater, der Großvater, der Onkel so etwas tut, heimlich, gierig und gemein – ohne auf ihre Gefühle Rücksicht zu nehmen.

Das alles belastet ungeheuer. Auch wenn Mädchen vorsichtig vermeiden, das Erlebnis auch nur mit einer Silbe zu erwähnen, so schlagen sich doch diese Belastung und Angst, die Verwirrung in ihrem Verhalten nieder, sind spürbar oder beobachtbar für sensible Erwachsene. Wenn Mädchen verändert, bedrückt oder verängstigt wirken, ist es an uns, nachzufragen und uns zu interessieren.

Barbara Kavemann / Ingrid Lohstöter (1985)

Eigene Barrieren überwinden – für Mädchen tätig werden

Arbeit in Berufsgruppen

Hier in Berlin hat sich unsere Berufsgruppe bei Wildwasser in der allerersten öffentlichen Informationsveranstaltung zum Thema „Sexuelle Gewalt gegen Mädchen in der Familie“ im März 1983 gebildet. Seit diesem Zeitpunkt treffen sich einmal im Monat ungefähr 10 bis 20 Frauen der verschiedensten Berufsbereiche, um ihre Erfahrungen auszutauschen und voneinander zu lernen.

Inzwischen waren hier Sozialarbeiterinnen aus allen Jugendämtern in Berlin, Erzieherinnen, Psychologinnen, Lehrerinnen, Rechtsanwältinnen und auch mal eine Richterin vom Familiengericht und eine Kinderärztin.

Der große Vorteil dieser Gruppe ist, daß Frauen hier offen ihre Unsicherheit, ihre Hilflosigkeit und auch ihre Angst vor Schritten, die sie ggf. einleiten müssen, ausdrücken können und wir dann die Möglichkeit haben, über die Hintergründe dieser Gefühle zu sprechen, die eigene Erfahrung einzubringen und Wissen auszutauschen. Meistens ist es so, daß zwei oder drei Frauen ein Mädchen, die sie beruflich betreuen und von der sie vermuten oder wissen, daß sie sexuell mißbraucht wurde, unterstützen wollen. Hier diskutieren und überlegen wir dann gemeinsam, welche Schritte und Möglichkeiten sich ganz konkret anbieten und was zu tun ist. Es ist sehr anregend zu hören, was ganz unterschiedliche Frauen mit unterschiedlichem Fachwissen und Praxiserfahrung und mit verschiedenen politischen Orientierungen zu den Fragen zusammentragen.

In diesem Sinne gegenseitiger Beratung und Fortbildung sind bereits in den ersten zwei Jahren ca. 200 Frauen in die Gruppe gekommen, und wir können sagen, daß die Berliner Berufsgruppe eine richtige Institution geworden ist für Frauen, die sich nicht sicher sind, wie sie sich verhalten sollen, wenn sie mit sexuellem Mißbrauch von Kindern konfrontiert werden.

Fragen, die immer wieder aufgeworfen werden:

- Wie steht es mit der Glaubwürdigkeit von Mädchen?
- Wie steht es mit der Glaubwürdigkeit von Müttern, die beispielsweise in Scheidungsverfahren erst ganz zum Schluß dann auch noch erwähnen, daß ihr Ehemann die gemeinsame Tochter sexuell mißbraucht hat?
- Ist an meinen Vermutungen was dran?
- Wie kann ich das herausfinden?
- Wie soll ich mit dem Mädchen, mit der Mutter und auch dem Mißbraucher reden?
- Soll ich überhaupt mit dem Mädchen reden?
- Wenn das Mädchen sich nicht äußern will, was kann ich dann tun?
- Wie kann und muß ich mich verhalten, was muß ich alles berücksichtigen, wenn ein Mädchen nicht möchte, daß der sexuelle Mißbrauch öffentlich gemacht und in die Familie eingegriffen wird?
- Wie gehe ich mit der Verantwortung um, die ich einerseits von Berufs wegen habe und die ich andererseits auch bewußt auf mich nehme, wenn ich handle?
- Welche Signale und Botschaften von Mädchen an ihre Umgebung sollten mich alarmieren?

Immer wieder haben wir die Erfahrung gemacht, daß wir gerade bei der Auseinandersetzung mit der Thematik des sexuellen Mißbrauchs in erster Linie mit uns selbst konfrontiert werden. Deshalb ist es sehr wichtig, gerade auch persönliche Fragen, Erfahrungen und Ängste bewußt zu machen. Daher haben wir immer wieder diskutiert:

- Wovor habe ich Angst, wenn ich mit einem mißbrauchten Mädchen rede, und warum? (Gleiches gilt für Gespräche mit der Mutter und für die Konfrontation mit dem Mißbraucher.)

- Was macht mir angst, wenn ich das Gefühl habe, nichts beweisen zu können?
- Wie gehe ich mit dem in mir entstandenen übergroßen Druck um, helfen und handeln zu müssen?
- Was macht mich sicherer in meiner Position?
- An wen kann ich mich wenden?
- Wie kann ich Erfahrungs- und Wissenslücken auffüllen?
- Was macht mich immer wieder unsicher?
- Wie verhalte ich mich, wenn mir ein Mädchen oder eine Mutter unsympathisch ist? Warum neige ich in solchen Fällen dazu, den entsprechenden Angaben eher nicht zu glauben?
- Was stößt mich ab?
- Wie muß sich nach meinen Vorstellungen ein Mädchen, das sexuell mißbraucht wurde, mir gegenüber verhalten?
- Wie bewältige ich als Amtsperson eigene Ängste und Aggressionen?
- Wie finde ich meine eigenen Grenzen heraus?
- Wie gehe ich mit meinen eigenen Grenzen um?

Im folgenden wollen wir versuchen, die bisher in unserer Gruppe gewonnenen Erfahrungswerte darzustellen. (Inzwischen ist fachkundige, ausführliche Literatur zu diesen Praxisfragen veröffentlicht worden, zum Beispiel Rosemarie Steinhage 1989, Ursula Enders 1990 – Anm. der Autorin.)

Pionierarbeit

Grundsätzlich müssen wir uns bewußt machen, daß wir, wenn wir uns für sexuell mißbrauchte Mädchen einsetzen und für diese Partei ergreifen, Pionierarbeit im wahrsten Sinne des Wortes leisten müssen. Ganz abgesehen von unseren eigenen Problemen müssen wir uns darauf einstellen, daß wir mit unseren Bemühungen bei Kolleginnen/Kollegen beim Jugendamt, bei den Gerichten, aber auch bei Müttern und erst recht bei Vätern auf scheinbar undurchdringliche Mauern von Unwissenheit, Nicht-wissen-Wollen, Abwehr, Verharmlosung – „es ist ja nichts passiert" –, Unverständnis, Unglauben u. ä. stoßen. Wir bewegen uns auf Neuland, und es ist überall spürbar, daß über dieses Thema jahrhundertelang nicht geredet wurde, nicht geredet werden sollte, alles mit einem Schleier des Geheimhaltens zugedeckt wurde und bei den meisten kein Interesse daran besteht, diesen Schleier zu lüften.

Kompetent werden und verantwortlich handeln

Um wirksam und klar helfen zu können, ist es wichtig, daß wir uns kompetent machen und die inzwischen etwas zahlreicher erschienene grundlegende Literatur lesen, berufliche Erfahrungen austauschen und die Gelegenheit nutzen, Erfahrungen betroffener Frauen zu unseren offenen Fragen einzuholen. Je besser ich die Problematik kenne, je mehr ich von dem alltäglichen Alptraum der betroffenen Mädchen weiß, je mehr mir die Auswirkungen auf das gesamte Leben der Mädchen bewußt sind, je besser ich die Gründe kenne, die einem Mädchen erschweren, darüber zu sprechen, um so einfühlsamer, klarer und ganz einfach kompetenter kann ich mich verhalten.

Wirksam helfen bedeutet auch, mich nicht von Kompetenzen abhängig zu machen. Wer einem Mädchen wirklich helfen will, darf sich nicht darauf zurückziehen, daß sie nicht zuständig ist, wenn die eigentlich Zuständigen nichts unternehmen. Wenn also z.B. die zuständige Erzieherin nichts unternimmt und ich aber einen guten Draht zu dem Mädchen habe, muß ich die weiteren Schritte eigenverantwortlich überlegen und dann auch tätig werden.

Wir müssen uns auch immer wieder klarmachen, daß wir es sind, die die Verantwortung für die Mädchen tragen, und wir dürfen diese Verantwortung nicht auf die Mädchen selbst abschieben. Sie sind nun einmal Kinder und tragen darüber hinaus sowieso schon eine übermenschliche Last, die ihnen vom Mißbraucher aufgebürdet wurde – nämlich die Familie zusammenzuhalten u. ä. – und die es ihnen erschwert, die Folgen des Mißbrauchs für ihr eigenes Leben zu übersehen. Dies bedeutet konkret, daß wir uns auch dann nicht zurückziehen dürfen, wenn sich ein Mädchen uneindeutig verhält, wenn sie signalisiert, daß sie nichts mehr mit uns zu tun haben möchte, daß sie keine Hilfe und keine Eingriffe in die Familie möchte. Das muß nicht bedeuten, daß wir einfach gegen den Willen eines Mädchens handeln sollen. Es ist besonders wichtig, daß sie durch uns erfährt, daß sie ernst genommen wird. Dies können wir nur vermitteln, indem wir sie auf ihre Ängste ansprechen, fragen, was sie am allermeisten fürchtet. Worüber sollen wir ihrem Wunsch nach nicht weiter sprechen? Hier sollten wir übrigens sehr vorsichtig mit Versprechungen sein. Im Einzelfall kann es auch einmal bedeuten, daß wir gegen den momentanen Wunsch eines Mädchens entscheiden müssen, um sie aus der Familie herauszunehmen, wenn Mißbrauch und Vergewaltigung weitergehen und die Mutter nicht für die Tochter Partei ergreift, um sie zu schützen.

Wir erinnern uns z.B. an einen Fall, wo auf den Antrag der Psychologin eines Heimes durch das Familiengericht veranlaßt wurde, das Mädchen in ein Heim nach Westdeutschland zu verlegen, um die dauernden Kontakte und Bedrohungen seitens des Vaters zu beenden. Das Mädchen war zehn Jahre alt, und ihr Vater hatte sie auf der einen Seite massiv bedroht, so daß sie Angst vor ihm hatte; auf der anderen Seite hatte er ihr aber auch Zuwendung gegeben und sie mit Geschenken überhäuft, so daß das Kind sich einerseits bei den Besuchen des Vaters versteckte und dann andererseits heimlich zum Vater hinlief, ohne erkennen zu können, was mit ihr gemacht wurde.

All dies sind sicher heikle Fragen. Wir kommen aber nicht umhin, uns damit auseinanderzusetzen, und wenn wir uns auch immer wieder fragen und überlegen: „Wie verhalte ich mich richtig?“, darf dies nicht dazu führen, daß wir uns letztlich gar nicht verhalten. Die Probleme, die ein Mädchen hat, das sexuell mißbraucht wurde, sind unglaublich groß. Entsprechend schwierig ist es dadurch für uns, helfend einzugreifen. Es gibt keinen Weg, der einfach ist oder der alle weiteren Probleme für das Mädchen aus dem Weg räumt, und keine ideale Lösung. Die Tatsache, daß weitere Probleme abzusehen sind, gilt für jeden Weg, den wir wählen und darf nicht dazu führen (das haben wir oft erlebt), dann erst gar nicht tätig zu werden.

Glauben statt zweifeln

Was ganz sicher noch genannt werden muß, ist, daß wir einem Mädchen, die über sexuellen Mißbrauch erzählt, in jedem Falle glauben müssen, und zwar hundertprozentig. Es ist nun einmal eine einschlägige Erfahrung aus verschiedenen Berufen – seien es WissenschaftlerInnen, GlaubwürdigkeitsgutachterInnen, PolizistInnen, SozialarbeiterInnen, all derer, die wirklich vertraut mit der Problematik sind –, daß Kinder, die so etwas erzählen, immer die Wahrheit sagen.

Wichtig ist, daß wir es dem Mädchen auch vermitteln, daß wir ihr glauben. Es wird für sie ggf. eine neue Erfahrung sein, da sie schon auf Unglauben gestoßen ist bzw. am allermeisten befürchtet, daß ihr ja sowieso niemand glaubt und die Großen, sprich Erwachsenen, zusammenhalten.

Es ist unglaublich, was Sozialarbeiterinnen veranlaßt, immer wieder an der Glaubwürdigkeit von Mädchen zu zweifeln. Dies sind zum einen gesellschaftliche Vorurteile, wonach Mädchen so etwas nur vorschieben, um z.B. zu erreichen, von zu Hause fortziehen zu können, oder daß sie sich interessant machen wollen. Oft werden Mädchen dann Zweifel entgegengebracht, weil der Mißbraucher doch einen so guten, angepaßten und freundlichen oder intelligenten Eindruck macht.

Hier ist es wichtig, dafür zu sorgen, auch um sich selbst klarer verhalten zu können und dem Mädchen Vertrauen zu ermöglichen, daß verschiedene Beraterinnen und Berater getrennt für die einzelnen Familienmitglieder, ganz bestimmt aber für Mädchen und Mißbraucher, verantwortlich sind.

Wir haben oft die Erfahrung gemacht, daß spätestens dann an der Aussage der Mädchen gezweifelt wird, wenn etwas an dem Verhalten des Mädchens nicht leicht zu verstehen ist. So ist die Einschätzung immer noch verbreitet, wenn es wirklich so schlimm gewesen wäre, wie es das Mädchen jetzt erzählt, dann hätte sie doch nicht so lange geschwiegen. Oft wird es nicht verstanden, wenn ein Mädchen gegenüber dem Täter keine Wut, sondern noch Anhänglichkeit empfindet. Andererseits stoßen Mädchen auf Ablehnung, die sich herausputzen, sich herausfordernd verhalten, die Sozialarbeiterinnen abblitzen lassen, sich verschließen oder aber betont lässig und vulgär über die sexuellen Übergriffe reden. Mädchen, die sexuellen Mißbrauch erlebt haben, reagieren in keiner Weise einheitlich. Sie haben Schlimmes erlebt. Wen kann es da eigentlich wundern, wenn der Umgang oder die Zusammenarbeit mit ihnen oft schwierig ist.

Es ist daher bei diesen Problemen richtig und angemessen, statt an der Glaubwürdigkeit des Mädchens zu zweifeln, sich selbst zuzugestehen, daß die Problematik des sexuellen Mißbrauchs nicht sofort vollständig erfaßt und verstanden werden kann und daß es Bereiche gibt, die Außenstehenden verschlossen und unverständlich sind, und daß ich dort eben versuchen muß, noch hinzuzulernen.

Wichtig ist sicher immer die Frage an uns selbst: Was hat dies mit meinen eigenen Grenzen, eigenen unverarbeiteten Erlebnissen zu tun? Und wir alle wissen, daß es für uns leichter ist, mit Mädchen und Frauen zusammenzuarbeiten, die uns rückhaltlos toll finden, uns Vertrauen entgegenbringen und all das tun, was wir ihnen empfehlen, als gegen Mißtrauen und Resignation ankämpfen zu müssen.

Wir müssen uns auch vom Opferklischee lossagen, wonach ein Mädchen nur dann Opfer sexueller Gewalt gewesen sein kann, wenn sie gleich anfängt zu weinen, wenn sie insgesamt verängstigt, wenig selbstbewußt und hilflos erscheint.

Es gibt andere Mädchen, die ganz selbstbewußt auftreten, auch wenn dies ihrem Selbstgefühl durchgängig nicht entsprechen muß. Es gibt auch Mädchen, die, nachdem sie einmal damit begonnen haben, freimütig immer wieder allen möglichen Leuten von den sexuellen Übergriffen erzählen und sich eben in vieler Hinsicht ganz anders verhalten, als wir es erwarten. Dies ist normal und natürlich. Es liegt an uns, uns von fixen und falschen Vorstellungen zu verabschieden.

Was unternehmen wir nun, wenn wir nur Vermutungen haben?

Vermutungen haben immer einen realen Hintergrund

Unsere Erfahrung ist, daß sich Vermutungen und ein oft nicht genau faßbares Gespür, daß ein Mädchen sexuellen Übergriffen ausgesetzt ist, meist als Realität herausstellen.

Offensichtlich sollten wir lernen, unseren Intuitionen zu vertrauen und uns entsprechend zu verhalten. Je länger und je intensiver wir uns mit der Problematik beschäftigen, je öfter wir mit Mädchen reden, desto sicherer entwickeln wir ein Gespür dafür, was läuft.

In der Berufsgruppe fragen wir dann immer weiter nach, aufgrund welcher Tatsachen, Eindrücke und Erlebnisse eine Frau zu ihren Vermutungen gekommen ist. Wenn wir über das Mädchen und ihre Verhaltensweisen sprechen oder auch über die Verhaltensweisen ihrer Umgebung, dann fällt meistens der Sozialarbeiterin oder der Erzieherin usw. noch viel mehr ein. Zusammenhänge stellen sich heraus, und das Bild wird insgesamt viel klarer.

Signale der Mädchen als Hilferufe erkennen

Signale, Hinweise und Botschaften des Mädchens sind so unterschiedlich wie die täglichen Lebensäußerungen nur sein können. Ausschlaggebend sind Verhaltens- und Wesensänderungen. Wir müssen immer die Möglichkeit mit einbeziehen, daß ein Kind sexuell mißbraucht wird.

Hinweise können sein: häufiges Weinen, sich ganz an die Mutter klammern, sie nicht weggehen lassen, nicht allein bleiben oder allein schlafen wollen, plötzliche Gewichtszunahme oder -abnahme, Leistungsabfall in der Schule oder auch ungewohnt ehrgeiziges Bemühen dort, Schule schwänzen, weglaufen, Konzentrationsschwäche, Schlafstörungen, Appetitlosigkeit, Nervosität, Alkohol und andere Drogen, Bettnässen, Fingernägelkauen, wechselnde Beziehungen zu Jungen und Mädchen, Schwangerschaft, sich im Sommer nicht ausziehen wollen, Hautkrankheiten, die besonders im Frühsommer auftreten. Ein Hinweis kann auch sein, wenn sich ein Mädchen sehr oft wäscht (um den Ekel loszuwerden), wenn sie sich körperlich so bewegt

oder sich so anklammert, daß wir sexuelle Assoziationen haben. Es kommt auch vor, daß schon kleine Mädchen plötzlich mit einem sexuellen Sprachgebrauch verblüffen oder entsprechende Geschichten erzählen.

Deutliche Signale können auch sein, dem Vater oder dem Onkel oder Männern allgemein aus dem Weg zu gehen, sie körperlich zu meiden, nicht küssen wollen, sich gegen Zärtlichkeiten zu wehren und vieles mehr.

Lohnend und wichtig ist es auch, das Verhalten der Männer zu beobachten: Wenn ein Vater seiner Tochter auffallende Geschenke macht, sie so oder anders innerhalb der Familie isoliert, sie besonders eifersüchtig oder herrschsüchtig überwacht, jegliche Kontakte etwa mit Schulfreunden und Schulfreundinnen verbietet, wenn sich ein Vater auffällig um die Kleidung seiner kleinen Tochter kümmert, sie zu seiner kleinen Lolita herausputzen will, z.B. schon Seidenstrümpfe und Dauerwellen im Alter von zehn Jahren erlaubt.

Immer mit den Mädchen reden

Wenn wir all dies wahrnehmen oder hören, müssen wir mit dem Mädchen reden. Wir hören oft die Frage: Was soll ich denn tun? Ich habe doch keine Beweise! Oft zerbrechen sich Sozialarbeiterinnen oder mehrere Erzieherinnen in einem Heim oder aber in einer Kindertagesstätte stunden-, wochen- und monatelang die Köpfe, ohne das Naheliegende zu tun, nämlich das Mädchen zu fragen. Die Aussage des Mädchens, ihr Verhalten und die oben genannten Auffälligkeiten sind Beweis genug. Zeugnis durch Dritte gibt es nur selten.

Es ist in jedem Alter möglich, mit dem Mädchen zu reden. Gerade was das Reden anbetrifft, haben wir immer wieder festgestellt, daß es vor allem die Erwachsenen sind, die hier Schwierigkeiten haben und nicht wissen, wie sie anfangen sollen. Solche Schwierigkeiten und Peinlichkeiten spürt natürlich jedes Kind, und so ist es auch kein Wunder, wenn hierdurch der Mund verschlossen bleibt. Jede Ungenauigkeit und Peinlichkeit und Ungläubigkeit seitens der Erwachsenen erschwert einem Kind die Antwort. Wenn wir das Mädchen noch nicht kennen, ist es gut, im Beisein einer Vertrauensperson und Bezugsperson mit ihr zu sprechen. Dies sollte allerdings nicht die Mutter sein. Wir wissen ja in diesem Stadium meist noch gar nicht, was die Mutter weiß oder was sie wissen möchte, und wir müssen auch respektieren, daß Mädchen oft aus den verschiedensten Gründen der Mutter erst mal nichts sagen möchten bzw. sich nicht trauen.

Wer sich überhaupt nicht in der Lage sieht und sich gar nicht zutraut, mit Kindern zu reden, sollte es vielleicht erst einmal lassen, um dem Mädchen eine deprimierende Erfahrung zu ersparen, und eine andere Gesprächspartnerin suchen. Wir sollten uns aber immer fragen, wovor wir Angst haben, und uns bei anderen erfahreneren Frauen Rat holen. Es kann auch hilfreich sein, wenn wir uns einen Plan für das Gespräch machen oder uns im Rollenspiel üben usw.

Zur allgemeinen Erleichterung können wir allerdings inzwischen sagen, daß es, nachdem wir den ersten Schritt gemacht haben, sehr viel leichter und einfacher geht, als wir befürchtet hatten.

Wir fragen selbstverständlich nicht: „Hat dein Papi dich sexuell mißbraucht?" Sondern wir gehen auf die Äußerungen des Kindes oder unsere Beobachtungen ein, z.B. so: „Ich habe mitgekriegt, daß du vor deinem Vater ganz viel Angst hast. Woran liegt das? Tut er etwas, was dir nicht recht ist, dich traurig macht, oder tut er dir auf irgendeine Weise weh?" Wenn das Gespräch einmal begonnen hat und das Mädchen antwortet, ergeben sich die Fragen von selbst. Es ist dann ganz wichtig, nicht peinlich berührt das Thema wieder fallenzulassen, sondern immer weiter und immer konkreter nachzufragen, bis das Mädchen erzählen kann, was sie erlebt hat. Wenn sie irgendwann nicht mehr weiterreden möchte, sollten wir das verstehen und respektieren. Genauso richtig ist es aber auch, bei der nächsten Gelegenheit das Thema noch einmal anzusprechen.

Insbesondere bei kleinen Mädchen empfiehlt es sich auch, daß man ein oder zwei Puppen oder eine Puppenstube miteinbezieht und das Mädchen damit spielen läßt und sagt, zeig doch mal, was der oder der mit dir gemacht hat. Gute Erfahrungen wurden auch zum Beispiel in einer kinderpsychiatrischen Abteilung in London mit der Aufforderung gemacht: „Zeig mir doch mal, welche Körperöffnungen die Puppe hat und wozu diese Körperöffnungen da sind." (Auf die Arbeit mit anatomisch ausgebildeten Puppen bezieht sich der Band 1 der Schriftenreihe Sexueller Mißbrauch bei Donna Vita. Weitere Hinweise gibt Elke Garbe in *Martha* – Anm. der Autorin.) Manchmal fällt es den Kindern auch leichter zu malen, z.B. wie ihr Zimmer aussieht, wo sie schlafen, ob alleine im Zimmer, ob jede/r ein Bett hat usw. Manchmal stellt sich heraus, daß Mädchen gar kein eigenes Bett kennen.

Erlauben, ein Geheimnis zu lüften

Oft werden wir natürlich auch erleben, daß das Mädchen verschlossen ist und erst mal nicht reden möchte, nicht reden kann und Angst hat. Dies darf keineswegs als Zeichen bewertet werden, daß an unseren Informationen/Vermutungen nichts dran ist oder aber daß ein Gespräch mit dem Mädchen aussichtslos ist. Wir müssen uns vergegenwärtigen, daß im Gegenteil das Verhalten des Mädchens sehr naheliegend ist. Nicht nur, daß hier ggf. die Worte fehlen. Im Vordergrund steht auch, daß sie vom Mißbraucher gezwungen wurde, alles geheim zu halten, nie darüber zu reden, und es ist immer wieder erstaunlich, wie ernsthaft sich Kinder an solche Versprechungen gebunden fühlen. Darauf müssen wir in unserem Gespräch Bezug nehmen und ausdrücklich klarmachen, daß es Geheimnisse gibt, über die sie reden darf, damit wir ihr helfen können. Und vor allen Dingen auch, daß ein Versprechen dann nicht gilt, wenn derjenige böse zu dem Mädchen war oder ihr weh getan hat.

Vertrauen herstellen

Wenn ein Mädchen nicht gleich vertrauensvoll auf uns zugeht, ist dies ganz sicher nicht verwunderlich. Durch die sexuellen Übergriffe wurde ja nicht nur das Vertrauensverhältnis zu dem Täter gestört, sondern die Fähigkeit, überhaupt Vertrauen in Erwachsene und andere Menschen zu entwickeln und zu empfinden: Die Erfahrung, daß ich als Kind keine Rechte habe, daß mir nicht geglaubt wird, daß die Erwachsenen untereinander sowieso zusammenhalten, haben bestimmt alle Kinder gemacht.

Aus diesen Gründen ist es wichtig, daß wir die Gefühle, die die Kinder ganz sicher in 99,9% der Fälle haben, vorsichtig ansprechen. Zum Beispiel: „Ich kann mir vorstellen, daß du denkst, ich glaube dir nicht, daß du denkst, so etwas kann überhaupt niemand glauben oder sich vorstellen." Oder: „Vielleicht hast du Angst, daß irgendwas Schlimmes passiert, wenn du mir erzählst, was du erlebt hast." Es kommt oft vor, daß Kinder ganz reale Todesängste haben.

Wir sollten in jedem Fall, ob das Mädchen nun etwas erzählt oder nicht, das Gespräch nutzen, um anzufangen, Vertrauen herzustellen, Informationen zu geben und Ängste abzubauen. Fast jedes Kind hat Schuldgefühle, und daher ist es auch ein guter Weg, ins Gespräch zu kommen, indem wir einfach fragen: „Sag mal, ich habe den Eindruck, daß du dich ein klein bißchen mit schuld fühlst, an dem, was passiert ist." Wenn das Mädchen dann auch noch nichts erzählt, ist es ganz wichtig, ihr zu vermitteln, daß sie in keinem Fall nur eine Spur von Schuld hat, daß allein der Mann die Schuld und die Verantwortung trägt, gleichgültig, wie auch immer sie sich verhalten hat.

Viele Mädchen denken ja, sie haben Schuld und haben für sich das Gefühl, „mitgemacht zu haben", weil sie sich nicht körperlich gewehrt haben. Hier ist es auch wichtig, unsere Überzeugung zu vermitteln, daß sie sich einerseits nicht schützen konnte, weil sie gar nicht wußte, daß der eigene Vater (Opa, Nachbar) so etwas macht und daß sie sich ja andererseits gar nicht wehren konnte, weil sie ja sehr erschrocken war, weil sie Angst hatte, weil der Mann stärker ist, weil sie gelernt hat, dem Vater zu gehorchen etc. Wichtig ist es auch, darauf einzugehen, wenn das Mädchen sich schämt. „Ich merke, daß es dir schwerfällt, darüber zu reden, weil du dich schämst, aber guck mal, das brauchst du doch eigentlich nicht, weil du ja nichts Böses gemacht hast. Wenn sich hier jemand kräftig schämen soll, dann ist es doch dein Vater."

Insgesamt ist es wichtig, das Gefühl zu vermitteln, daß ich verstehe, was passiert ist und das Problem kenne.

Ganz verheerend ist die Frage oder der entsprechende Unterton: „Stimmt denn das?"

Hier wird ein Kind immer das Gefühl haben, daß ihm Unglaube und Zweifel entgegengebracht werden, und jedes Vertrauen wird im Keim erstickt.

Ganz wichtig ist es auch, die Information zu vermitteln, daß ich viele Mädchen kenne und auch mit vielen Mädchen gesprochen habe, die gleiches oder ähnliches erlebt haben. Wir wissen ja, daß jedes Kind von sich ausgeht und denkt: „So etwas gibt es nicht. Ich bin die einzige auf der Welt, der so etwas geschieht." Es ist gut, dann von den Erfahrungen anderer Mädchen zu sprechen und vor allen Dingen auch darüber, wie wir schon anderen Mädchen helfen konnten und welche Alternativen und Möglichkeiten es gibt.

Nie über den Kopf von Mädchen hinweg entscheiden

Wir sollten uns bemühen, die Horrorvision von Heimen zu verkleinern. Es gibt ja inzwischen in einigen Städten Mädchenwohngemeinschaften, darüber hinaus auch Kleinstheime oder aber familienähnliche Heime. Und oft bleibt Mädchen keine Alternative, als die Familie zu verlassen.

Wichtig ist, nichts zu überstürzen, sondern geduldig zu sein und die Gespräche mit dem Mädchen fortzusetzen, zu fragen, wovor sie sich ängstigt, bis wir Klarheit haben und die nächsten Schritte mit Kolleginnen und dem Mädchen besprechen können. Parallel dazu sollten andere, die mit dem Mädchen Kontakt haben, z.B. die Lehrerin oder Erzieherin oder aber eine Tante, befragt werden, um die bestmögliche Intervention zu entwickeln.

Mit der Mutter reden

Wenn wir die Tatsachen kennen, das Mädchen gesprochen hat und wir organisiert haben, wie wir sie im Notfall geschützt unterbringen, sollte als nächstes mit der Mutter gesprochen werden. Im Zentrum unserer Bemühungen muß der Schutz des Mädchens vor weiteren Übergriffen stehen. Es ist sinnvoll, der Mutter zu berichten, was wir erfahren haben und ihr zu sagen, daß wir dem Mädchen glauben. Es ist auch wichtig, der Mutter alle oben genannten Informationen über den sexuellen Mißbrauch und über Alternativen und Hilfsmöglichkeiten zu geben. Das Gespräch sollte so geführt werden, daß der Mutter klar wird, daß sie eine Wahl hat: Ergreift sie Partei für das Mädchen, oder aber hält sie zu ihrem Mann? Wir sollten einer Mutter immer vermitteln, daß wir sehen, in welch schwieriger Lage sie ist, und auch Verständnis und Mitgefühl für sie zeigen.

Wenn sich eine Mutter für ihre Tochter entscheidet, was natürlich meistens die optimale Lösung sein dürfte, kann es Wunsch oder Notwendigkeit sein, den Mißbraucher zu konfrontieren. Auch hier erleben wir mitunter Erstaunliches. Die Männer sind so sicher, daß das Schweigen nicht gebrochen, daß niemand sie darauf ansprechen wird, daß sie, wenn es tatsächlich dann doch einmal geschieht, manchmal so geschockt sind, daß sie die Vorwürfe sogar zugeben. Sie machen dies natürlich auch, um gleich zu bagatellisieren und zu beteuern, daß es nur einmal vorgekommen sei und dann auch nur aus Versehen oder unter Alkoholeinfluß und „ich weiß selbst nicht, warum mir das passiert ist".

Über das Für und Wider einer Strafanzeige ist an anderer Stelle schon berichtet worden. Die Berliner Berufsgruppe befürwortet grundsätzlich Strafanzeigen, wenn die Bedingungen für das Mädchen entsprechend sind, sie also zustimmt und ausreichende Unterstützung hat, vor allen Dingen aber auch dann, wenn der Täter leugnet, das Mädchen beschuldigt und beschimpft, nicht aus der gemeinsamen Wohnung weichen will u.a.

Es wird im Bereich der Kinderschutzarbeit das Motto „Hilfe statt Strafe" propagiert. Dies hat ganz sicher auch seine Berechtigung, ist aber nur dann möglich, wenn in erster Linie dem Mädchen geholfen wird und wenn der Täter Verantwortung übernimmt, wirklich bereit ist, sich zu ändern und vor allen Dingen freiwillig aus der Wohnung auszieht.

Beim sexuellen Mißbrauch ist es aber so, daß meistens die Taten abgestritten oder aber in der oben benannten Weise verharmlost werden mit dem Wunsch, daß sich doch die Behörden bitte ganz schnell wieder zurückziehen und die ansonsten „heile" Familie, in der nun nichts mehr geschehen wird, in Ruhe lassen.

Wir haben ganz sicher nichts dagegen, wenn gegen die wenigen Täter, die wirklich Verantwortung auf sich nehmen, die sich zu ihren Taten bekennen und an ihren Problemen arbeiten wollen und vor allen Dingen auch zeigen, daß sie nur das tun werden, was für das Mädchen gut ist, keine Strafanzeige erstattet wird.

Der Schutz des Mädchens muß im Zentrum der Hilfsangebote stehen

Die Realität und die tatsächlichen Probleme sehen aber ganz anders aus. Wir wissen, und das ist die einhellige Erfahrung aller ExpertInnen, daß es sich beim sexuellen Mißbrauch um Wiederholungstaten handelt. Männer setzen den Mißbrauch auch dann fort, wenn sie entdeckt worden sind, aber sonst nichts weiter geschieht. In solchen Fällen wird sich das Mädchen nicht mehr leicht an Dritte oder das Jugendamt wenden, weil sie erfahren hat, daß ihr doch nicht geholfen wird. Der Schutz des Mädchens bedeutet also immer, daß der Mißbraucher vom Mädchen zu trennen ist. Am besten ist natürlich, daß er die Wohnung verläßt, wenn die Mutter für das Mädchen Partei ergreift. Geschieht dies nicht, gibt es leider keine andere Alternative, als das Mädchen aus der Familie zu nehmen und es vielleicht bei der Mutter einer Schulfreundin, einer Tante, bei einer Lehrerin oder in einer Wohngemeinschaft oder in einem Heim unterzubringen.

Wir wissen alle, daß persönliche Veränderungen oft nur dann möglich sind, wenn die konkreten Lebensbedingungen sich verändert haben. Es ist auch unsere Erfahrung, daß Mädchen erst dann anfangen sich einzugestehen, was geschehen ist und auch ihre Gefühle herauslassen, wenn Abstand zu den Verhältnissen besteht. Solange sie noch mit dem Mann in derselben Wohnung wohnten, gehörte es ja zu ihrer Überlebensstrategie, die Gefühle wegzupacken bis zur Unkenntlichkeit.

Sehr oft tut der Vater so, als sei nichts geschehen, aus welchen Gründen auch immer. Dann müssen zwangsläufig gerichtliche Schritte, etwa zur Entziehung des Aufenthaltsbestimmungsrechts des Vaters und auch der Mutter (wenn sie nicht im Interesse des Mädchens handelt) eingeleitet werden, um das Mädchen zu schützen.

Im übrigen ist es auch manchmal so, daß Mädchen tatsächlich wollen, daß der Mißbraucher bestraft wird, vor allen Dingen dann, wenn sie tatsächlich in Sicherheit sind und Abstand haben.

Wenn frau das erste Mal mit sexuellem Mißbrauch konfrontiert ist, kommt es vor, daß sie vor lauter Bäumen den Wald nicht sieht oder einen übermächtigen Druck verspürt, tätig zu werden, ggf. mit entsprechender Angst. Für das Mädchen ist die Situation nicht neu. Daher sollten wir uns Zeit nehmen, mit ihr zu reden, was Tage oder auch Wochen dauern kann. Es ist auch immer gut, zunächst mit anderen Bezugspersonen Kontakt aufzunehmen, ggf. auch mit der Mutter, damit wir von der sozialen und familiären Situation einen Eindruck haben und daher eher wissen, wie und wo wir ansetzen können. Je besser wir überlegt haben und sicher sind, was wir tun sollen, um so besser wird es auch klappen. In einer Situation, in der das Mädchen ganz klar erklärt, daß sie nicht mehr nach Hause zurückkehren will, müssen wir dies natürlich auch bewerkstelligen und, wie oben beschrieben, bei einer Freundin oder Verwandten des Mädchens nachfragen, die vertrauenswürdig ist, oder aber die Unterbringung in einem Jugend- oder Kindernotdienst ermöglichen.

Ambivalente Gefühle und widersprüchliches Verhalten gehören dazu

In unserer Arbeit werden wir immer wieder mit ambivalenten und wankelmütigen Gefühlen und Äußerungen der Mädchen und auch der Mütter konfrontiert. Dies darf niemals Anlaß zu Zweifeln an der

Glaubwürdigkeit sein. Ambivalentes Verhalten ist ja gerade etwas, was aus der Struktur des sexuellen Mißbrauchs hervorgeht. Es prägt ja den Alltag der Mädchen: Daß einerseits nämlich der Alltag ganz „normal" weitergeht, daß der Vater ihnen als Vater gegenübertritt, der ihnen oft genug auch Liebe, Zuneigung und Zuwendung entgegenbringt. Auf der anderen Seite stehen die Bedrängnis, die Schmerzen und Ängste. So hat das Mädchen zwar einerseits den Wunsch, etwas zu verändern und Hilfe zu suchen, auf der anderen Seite befürchtet sie aber, etwas zu verlieren und hat Angst vor Veränderungen und Sanktionen.

Auch wenn Mütter z.B. während eines Verfahrens um die elterliche Sorge erst sehr spät mit dem Mißbrauch herausrücken, ist das kein Grund, diese Angaben in Zweifel zu ziehen. Es ist ein sehr verständliches und natürliches Verhalten. Wie von den Mädchen selbst wird auch von Müttern zunächst nur all das erzählt, wo die Scham nicht übermächtig ist und wovon sie wissen, daß ihr Gegenüber damit umgehen kann. Der Schritt, das Tabu des Schweigens über den sexuellen Mißbrauch zu brechen, erfordert unglaubliche Kräfte oder unglaubliche Verzweiflung, weil die Hemmschwelle hier immer noch sehr groß ist.

Neue Kontakte knüpfen

Zu den Aufgaben der Berufsgruppe gehört sicher auch, Kontakte mit Frauen der verschiedensten Berufe herzustellen, damit ein breiter Erfahrungsaustausch, aber auch eine breite Zusammenarbeit erfolgen kann. Es ist ganz einfach wichtig für jede von uns, die in den verschiedenen Behörden, insbesondere in Jugendämtern und Heimen sitzt, im konkreten Fall Ansprechpartnerinnen zu haben. So wende ich mich beispielsweise, wenn es darum geht, das Jugendamt einzuschalten, erst einmal an eine Frau, die ich aus der Gruppe kenne. Diese kann mir dann sagen, wer zuständig ist, ob diese Sachbearbeiterin sich mit der Problematik auskennt und mich ggf. bei Gesprächen unterstützen.

Wichtig ist auch, daß wir Frauen anderer Berufsbereiche motivieren. Was Therapien anbetrifft, gibt es noch nicht vieleTherapeutinnen, die mit der Problematik des sexuellen Mißbrauchs tatsächlich vertraut sind und wissen, daß sexueller Mißbrauch nicht eine Problematik unter vielen ist, sondern sich z.B. von Kindesmißhandlung grundsätzlich unterscheidet. Wir brauchen Therapeutinnen, die wissen, daß der sexuelle Mißbrauch die wesentliche Ursache für alle weiteren Probleme und Symptome ist und größte Bedeutung für die Aufarbeitung und Bewältigung der eigenen Lebensgeschichte besitzt.

Wichtig ist es auch, Kinderärztinnen und Kinderärzte anzusprechen, da es noch oft genug vorkommt, daß diese zwar körperliche Symptome entdecken, die Zusammenhänge aber nicht sehen, sich aufdrängende Schlußfolgerungen nicht ziehen und nichts unternehmen, um das Kind zu schützen. Gleiches gilt für die Motivations- und Aufklärungsarbeit mit ErzieherInnen. Aufklärung zu jeder Zeit und allerorts ist also dringend geboten. Noch ein Hinweis: Wenn ein Mädchen zu Hause bei der Mutter wohnen bleibt, aber auch dann, wenn sie in ein Heim kommt, ist das nie der Zeitpunkt für die zuständige Sozialarbeiterin, nunmehr ihre Arbeit als erledigt zu betrachten und sich nicht mehr zuständig zu fühlen. Im Gegenteil fangen jetzt bestimmte Probleme erst an, die eine kontinuierliche Betreuung erfordern. Wir verweisen insoweit auf den Bericht aus dem Hamburger Mädchenhaus. (1990 erschien der Band *Mädchenhäuser* in der Donna Vita Schriftenreihe Sexueller Mißbrauch / Bd. 3, in dem diese Arbeit dokumentiert wird – Anm. der Hg.)

Es ist wichtig, wenn das Mädchen in eine andere Familie oder in ein Heim kommt, dort offenzulegen, warum sie nicht mehr zu Hause wohnen kann, und dies dem Mädchen auch mitzuteilen. Die Gespräche über den sexuellen Mißbrauch müssen auch dort weitergehen. Darüber hinaus empfehlen wir immer eine begleitende Therapie.

Aktueller Schutz des Mädchens ist die eine Seite, Verarbeitung, um ein lebendiges Leben führen zu können, die andere.

Wenn ein Mädchen trotz unserer Beratung eine Therapie ablehnt und erst einmal vergessen und verdrängen will, müssen wir dies allerdings auch akzeptieren. Es ist verständlich, daß das Mädchen erst einmal denkt, jetzt habe ich alle Probleme hinter mir und ein neues Leben beginnt. Auch wenn wir wissen, daß sie von den verdrängten Problemen und Gefühlen ganz sicher eingeholt werden wird, müssen wir es ihr überlassen, ihr eigenes Leben zu leben und ihre Erfahrungen selbst zu machen. Wir sollten jedoch immer Gespräch und Unterstützung anbieten.

Arbeit für sexuell mißbrauchte Mädchen ist meistens nicht leicht, aber dafür können wir auch deutlich erleben, wie sinnvoll unsere Arbeit sein kann. Ganz abgesehen davon macht es auch Spaß, mit Mädchen zusammenzuarbeiten.

Sonja Hameter

Körper

Den Körper abgrenzen. Den Körper
begrenzen. Eine Grenzlinie durch-
ziehen. Abstimmen.
Fragen des Körpers im Raum
lassen. Das Nein entdecken.
Begründen wollen. Wieder
Fragen.

Sprachventil. Also öffnen.
Verwirrung empfinden.
Empfindung weil Körper. Sein
Verkörpern. Empfindung ver-
körpern. Empfindung verkörpern?
Unmöglich. Deshalb Grenzen.
Macht des Körpers. Ist Folge
der Stärke des Lebens.
Körper erleben verbunden mit
Macht.

Cillie Rentmeister (1985)

Grenzen setzen!

Zehn Hinweise aus feministisch-kulturanthropologischer Sicht

I. Geschlechterdifferenz – Geschlechterkampf

Auf der UNO-Frauenkonferenz 1980 in Kopenhagen wurde das real existierende Patriarchat mit einem einzigen Satz beschrieben: „Die Frauen, obgleich sie die Hälfte der Weltbevölkerung bilden, ein Drittel der Gesamtarbeitskraft stellen und zwei Drittel aller Arbeitsstunden leisten, erhalten nur ein Zehntel des Welteinkommens und besitzen gar weniger als ein Prozent des Weltvermögens."

Die Erkenntnis- und Handlungsweise der Frauen-Emanzipations-Bewegungen aller Zeiten gründete sich auf genau diese Erfahrungen: von Verschiedenheit, von Ungleichbehandlung, von Ungerechtigkeit, von Gewalt. Aufgrund solcher Erfahrungen betrachten auch wir heute Geschichte und Gegenwart unter dem Aspekt der Geschlechterdifferenz und des real existierenden Geschlechterkampfes. Das drückt eben nicht mutwilligen Männerhaß aus – sondern wir beschäftigen uns mit Ursachen und Folgen des barbarischen und rätselhaften Frauenhasses vieler Männer.

In manchen Jahrhunderten benutzten Frauenverächter das Argument von der Verschiedenheit der Frauen, um ihnen Seele und Geist abzusprechen. Seit Beginn des bürgerlichen Zeitalters benutzen sie nun einen heuchlerischen Begriff von „Gleichheit" – um unter dem Menschlichen nur das (Allzu)Männliche und unter Menschen-Rechten nur die Männer-Rechte zu verstehen. Um dies durch falsche Einsmacherei verzerrte Bild von der Wirklichkeit zurechtzurücken, unterteilt die feministische Sichtweise „den Menschen“ wieder in Frauen und Männer, teilt „Kinder“ und „Jugendliche“ wieder in Mädchen und Jungen. Denn unser Wissen und unser Geist flüstern uns andere Nachrichten zu als jene, die wir täglich über die Welt hören: Strassenkämpfe zwischen Jugendlichen und Polizei in Brixton? Gefechte zwischen Milizen im Libanon? Die Toten im Brüsseler Fußballstadion – eine Niederlage der Menschlichkeit? Nein, wir berichtigen: junge Männer, Männer im besten Alter – Kämpfe zwischen Männern.

Wenn Feministinnen nicht ablassen, die Grenzen und Unterschiede zwischen den Geschlechtern aufzuzeigen, wenn sie Separatismus und Autonomie zu ihren Prinzipien erklären, dann machen sie sich damit aus der Sicht der anderen zu Außenseiterinnen.

Aber aus ihrer Perspektive schaffen sie sich den nötigen Abstand und die Freiheit, die herrschenden Verhältnisse kritisch, ironisch, zynisch, melancholisch, kämpferisch zu analysieren.

Um bestehende Machtverhältnisse zu rechtfertigen, werden unendlich viele Behauptungen aufgestellt über angeblich natürliche Geschlechtereigenschaften, über „anthropologische Konstanten“ – das läßt sich einmal mehr am Thema „sexueller Mißbrauch von Mädchen“ nachvollziehen. Hier Vorurteile abzubauen, dazu kann historische, kulturwissenschaftliche und kulturanthropologische Forschung beitragen. Ich will hier nur einige Richtungen andeuten, in die zu forschen und Aufklärung zu schaffen ist.

II. Das Unterwerfungsritual

„Erinnert Euch an das Gesetz, nach welchem unsere Väter die Freiheit der Frauen beschränkten, nach welchem sie sie unter die Macht der Männer gebeugt haben. Sobald sie unseresgleichen sind, werden sie uns überlegen.“ (Der römische Staatsmann Cato, im 2. Jahrhundert v. u. Z.)

„Solange man diese auf dem Geschlechtsgegensatz beruhende gemeinsame Übermacht des weiblichen Geschlechts nicht brechen

kann, muß als nothwendiges Gegengewicht gegen dieselbe eine rechtliche Vorherrschaft des männlichen Geschlechts aufrechterhalten werden, um das Gleichgewicht nur einigermaßen wiederherzustellen." (Eduard v. Hartmann, Philosoph, 1886)

Mit dem Abstand von zwei Jahrtausenden äußern hier zwei Männer gleichlautende Befürchtungen: vor Weiberherrschaft und Weibermacht. Wobei der Mann des 19. Jahrhunderts das angebliche Ausgeliefertsein seines Geschlechts an die Verführungskünste der Frauen im Auge hat. Deutlich ausgesprochen wird, daß Macht und das darauf gestützte „Selbstbewußtsein" nur auf der Unterwerfung der Frauen beruhen können. Sexuelle Gewalt gehört dabei zum Standard-Repertoire: Vergewaltigung, sexuelle Folter, alle Arten von Verletzungen der sexuellen Selbstbestimmung.

Dies ist strukturelle Gewalt, dient der Erhaltung der männlichen Privilegien und hat nichts mit „Lust" im herkömmlichen Sinn zu tun. Sonst könnten wir auch nicht erklären, wieso sich Männer an ein paar Monate alten Babies, an ein- und zweijährigen Mädchen vergreifen und warum Vergewaltigung auch noch Greisinnen widerfährt. (Wer wagt es da noch, von „Verführung", von „Vergewaltigungswunsch", von „Inzestwunsch" zu reden?)

Ein Unterwerfungsritual nenne ich Angriffe auf die sexuelle Selbstbestimmung deshalb, weil es erstens um die Erhaltung und Bestätigung von Macht durch Gewalt geht; und zweitens, weil dieser spezielle Machtbeweis permanent im Raum steht, von der Wiege bis zur Bahre angedroht und auch wirklich ständig praktiziert und wiederholt wird.

In der einen oder anderen Weise sind in unserer Kultur alle Frauen von diesem Unterwerfungsritual betroffen: 38 bis vielleicht 50 Prozent von sexueller Gewalt und 100 Prozent von uns Frauen durch die permanente Verletzung unserer Räume und Territorien: Anmache, abschätzige Kommentare und Sprüche, Angrapschen, Belästigungen, Verfolgungen. Übrigens: auch Blicke sind Berührungen.

III. Verletzung der Territorien

Territorialismus ist eine anthropologische Konstante. Das ist hier nicht gemeint als Trieb, der etwa Männer oder Frauen dazu bringen würde, immer größere Gebiete zu beanspruchen. Gemeint ist das allgemein menschliche Verlangen, daß ein individuelles Umfeld respektiert werden muß, das durch den eigenen Körper und eine Art unsichtbarer, aber spürbarer Schutzhülle darum herum abgegrenzt ist.

Eine Spielart des Unterwerfungsrituals beinhaltet, daß Frauen von klein auf zu nah „auf den Leib gerückt" wird. So besteht eine wichtige Funktion des sexuellen Mißbrauchs darin, weiblichen Wesen möglichst früh das Gefühl für ihr Territorium zu nehmen. Der Mißbrauch zieht sich oft über Jahre; und nicht zufällig zeigt so mancher Lebensweg eines betroffenen Mädchens, wie auch weiterhin die Grenzen ihrer selbst, ihres Selbstbewußtseins und ihrer Würde überschritten werden: Wenn sie zum Beispiel in die Prostitution getrieben wird, verletzen Kunden, die sie „ranlassen" muß, und die Zuhälter, deren Gewalt sie ausgeliefert ist, permanent ihre Grenzen. Autoaggressive oder depressive Grenzaufhebung, ja „Selbstauflösung", drücken sich parallel auch in Süchten, in Drogenmißbrauch und Alkoholismus aus.

Selbstbewußtsein heißt, sich selbst zu achten und zu schätzen. Deshalb ist es so überaus wichtig, daß Mädchen lernen, Grenzen zu ziehen, sich nicht für andere zu verlieren (die Familie, die Geschwister, Männer), in anderen nicht restlos aufzugehen – daß sie NEIN sagen lernen.

IV. Sexueller Mißbrauch ist nicht universell

„Sexuellen Mißbrauch hat es immer und in allen Kulturen gegeben", behauptete im Oktober 1985 auf einer Tagung Heinz Wolfram vom Berliner Kinderschutzzentrum.

Wen schützt und wem nützt eine solche Behauptung? Denn vermutlich hat sich ihr Urheber nicht mit Fragen der Kulturspezifik befaßt. Sonst hätte er diesen Satz nicht sagen können.

Historische und ethnologische Forschungen zeigen, daß sexueller Mißbrauch und „Inzest“ keineswegs universell sind, sondern zu den Macht-Praktiken ausschließlich in patriarchalen Kulturen zählen. In den meisten Kulturen der Welt, vergangenen wie gegenwärtigen, scheint allerdings *ein größeres Gewaltpotential der Männer* als naturgegeben angenommen worden zu sein. Die entscheidende Frage lautet dann jedoch, ob es in einer Kultur gelingt, geeignete Präventivmaßnahmen, Mechanismen zur Konfliktlösung, Ventile, Rituale und Sanktionen zu finden, um diese Bereitschaft zur Gewalt zu kanalisieren und in sozial erträglichen Grenzen zu halten.

Wir kennen tatsächlich Beispiele von solchen Kulturen.

V. Sanktionen in anderen Kulturen: Meidungsregeln, Trennungszeiten

Wir könnten morgen nach Westsumatra in Indonesien fliegen, eine Stadt oder ein Dorf der Minangkabau besuchen und dort die Strukturen und Lebensweisen einer matrilinearen Gesellschaft erforschen (matrilinear heißt, kurz gesagt: Land, Sippenhäuser und beweglicher Besitz werden in weiblicher Linie durch die Generationen weitergegeben). Wir können dort die stolzen baulichen Zeugen des Matriarchats, die geräumigen und reichgeschnitzten Häuser der Frauensippen sehen und betreten (siehe Abb. rechte Seite). Wir würden erfahren, daß noch bis vor nicht allzulanger Zeit Frauen (Großmütter, Mütter, Töchter, Mädchen) in diesen Sippenhäusern, Männer in speziellen Männerhäusern getrennt lebten, auch nach der Heirat und als Eltern gemeinsamer Kinder. Jungen traten im Kindesalter ins Männerhaus über.

Warum spielen Meidung und (räumliche) Trennung eine so große Rolle? Dies Phänomen findet sich auch in anderen matrilinearen Kulturen; es drückt die maßgebende soziale und politische Stellung der Frauen aus, half sie über viele Jahrhunderte erhalten und diente unter anderem auch vorbeugend der Sicherheit der weiblichen Bewohnerinnen und Besitzerinnen. Denn es gehört nicht die Frau ins Haus, sondern umgekehrt: Das Haus gehört ihr, vor der Heirat ebenso wie während der Ehe – oder nach der Scheidung.

Frauen-Sippen-Haus der Minangkabau, Westsumatra/Indonesien (1983)

Wir könnten aber auch eine Reise zu den sogenannten „Natur-Völkern" machen oder zurück in die Geschichte – und wir wären erstaunt über die Vielzahl von Meidungsregeln, die wir vorfinden, zur räumlichen und zeitlichen Trennung der Geschlechter.

So bleiben Väter und Kinder zum Teil bis auf Jahre nach der Geburt voneinander getrennt; Männer, die jägerische, kriegerische oder kannibalische Taten ausgeführt hatten, durften sich z.T. bis auf Jahre ihren Frauen nicht nähern. Typisch für die Verhältnisse ist die Klage des Anthropologen Crawley, daß sich bei „Primitiven" Männer und Frauen so wenig kennen würden, so ignorant einander gegenüber seien, „als ob sie einer verschiedenen Spezies angehörten".

VI. Sanktionen in anderen Kulturen: Sex zwischen Kindern und Erwachsenen

Geschlechtsverkehr zwischen Kindern und Erwachsenen gilt meines Wissens in allen matrilinearen Kulturen als obszön (Trobriander, Marias, Bijago, Minangkabau, Nayar, Cham, Karen usw.). Meist werden Jungen von älteren Männern, Mädchen von älteren Frauen in die Sexualität eingewiesen. Daneben gibt es allerdings eine den Männern eigene und nicht seltene Variante von Sex zwischen verschiedenen Generationen: die Päderastie. Homosexuelle Beziehungen zwischen Männern und Knaben kennen zahlreiche Kulturen; sie waren üblich von den antiken Griechen, unseren „Kultur-Heroen", bis hin zu den entferntest lebenden heutigen „Natur-Völkern".

Aber Achtung: Diese Beziehungen kennzeichnen patriarchale Kulturen; sie fallen in besonderer Weise auch unter das Stichwort „Unterwerfungsritual": Ältere Männer üben in der Personalunion von Liebhaber und Erzieher die denkbar größte Macht über einen Jungen aus und über seine Erziehung zu einem rechten Kerl.

VII. Der sogenannte Inzestwunsch

Der sogenannte Inzestwunsch ist ebenfalls nicht unter die universalen Phänomene oder anthropologischen Konstanten zu rechnen. Überhaupt führt der Begriff „Inzest" in die Irre, sofern wir von Gesellschaften sprechen, die gar nicht kleinfamilienmäßig organisiert sind.

Er bezeichnet nur die Situation in unserer Gesellschaft, wo es für einen Mann ja nur sehr wenige „verbotene Frauen" gibt und nur sehr theoretisch: Mutter, Schwester und Tochter nämlich. Bei den „Wilden" dagegen und bei den matrilinearen und egalitären Gesellschaften gab und gibt es für einen Mann sehr viel mehr „verbotene Frauen". Kleinste heterosexuelle Einheit war/ist ja auch nicht die Familie, sondern der mütterlicherseits oder bilateral verwandte Clan, die Sippe.

Oft drückt sich auch sprachlich aus, daß alle weiblichen Verwandten als „Mütter" oder „Schwestern" eingestuft wurden und damit Frauen aller Generationen als unberührbar galten: „In einigen Sprachen ist der Ausdruck *Schwester* von einer Wurzel abzuleiten, die *Meidung* bedeutet (...) Oft ist der Ausdruck 'Schwester' identisch mit 'Tabu' (...) Bei den Chagga bestärken sie das Sexual-Tabu zwischen Bruder und Schwester, indem sie die Schwester der Mutter gleichsetzen. Ihr Ausdruck sagt: Schwester ist Mutter. Auch unter den Bangala wird die Schwester *mama* oder *mama moti* genannt, also *kleine Mutter.*" (nach Reed, 1975)

Der sogenannte Inzestwunsch ist eine Männerphantasie, die im engschwülen Klima der Kleinfamilie und ganz besonders in jenem 3-Zimmer-DIN-Gebilde unseres Jahrhunderts ihren idealen und realen Nährboden findet. Wie zunehmend aufgedeckt wird, setzen dort Männer ihre „Bedürfnisse" besonders selbstherrlich, unkontrolliert und gewalttätig durch. Die strukturelle Gewalt ist, wie z.B. architektursoziologische Untersuchungen zeigen, hier regelrecht miteinbetoniert: So wie bei den matrilinearen Frauen-Sippenhäusern der Zusammenhalt und Schutz der weiblichen Mitglieder miteingebaut wurde, ist es bei uns die Isolierung von Frauen und die Norm, daß sie nicht mal einen eigenen Raum besitzen.

(Männer wollen zwar als das herrschende, weil rationale und selbstbeherrschte Geschlecht gelten; sollen sie sich aber wegen der Vergewaltigung einer Tochter verantworten, so stellen sie sich selbst als Bündel von Reflexen dar, hilflos erlegen den Verführungskünsten einer kleinen Sirene ... In manchem starken Körper steckt ein schwacher Geist.)

Die bei uns fehlenden respektierten Abtrennungs- und Abschliessungsmöglichkeiten für weibliche Familienangehörige begünstigen die Übergriffe. Die Enge und die Nähe werden ausgenutzt und als ständige Verfügbarkeit interpretiert.

Der Anthropologe John E. Pfeiffer bezeichnete einmal (1981) die Sozialisation und „Familientauglichkeit" des Mannes als größtes bisher ungelöstes Problem der soziokulturellen Evolution; seit 60 Millionen Jahren sei, so meint er, „der Hauptschub der Evolution auf mehr Zusammenschluß gerichtet. Das bedeutete die Sozialisierung oder Familiarisierung des männlichen Partners, damit er zu einem verantwortlichen, vollwertigen Mitglied der Gruppe wurde. Dieser Eingewöhnungsprozeß dauert noch an. Er ist noch nicht zur vollständigen Zufriedenheit aller beteiligten Parteien gelöst worden ... Die Familiarisierung des Männchens bleibt ein Problem."

VIII. Täter müssen das Feld räumen!

Noch ein Hinweis mit Blick auf eine anthropologische Konstante. Ob sich nun (Rang-)Kämpfe in „freier Wildbahn" unter Tieren oder unter menschlichen Populationen abspielen – es gilt die Regel, daß der Verlierer das Feld zu räumen hat. Mit dem Rückzug gesteht letzterer die Niederlage ein. Der Sieger ist befriedigt, Mord und Totschlag werden vermieden, und es muß auch der Überlegene nicht permanent weiterhin seinen Rang durch Kämpfe beweisen und erhalten. In menschlichen Gesellschaften wurden solche Konflikte oft zum Beispiel durch Verbannung einzelner oder durch Trennung und Auseinanderziehen verfeindeter Sippen- oder Stammesteile gelöst. Überall jedoch, wo heute Tiere oder Menschen zu dicht aufeinanderleben, sei es auf dem Affenfelsen im Zoo oder in den dichtbesiedelten Industrieländern, kann rettendes vernunftgemäßes Fluchtverhalten oft nicht mehr ausgelebt werden. Oft wird leider nicht einmal eingesehen, daß Raum zwischen dem Aggressor und der Angegriffenen geschaffen werden muß. Frauen- und Mädchenhäuser einzurichten, ist ein erster Schritt, um Fluchtverhalten überhaupt wieder zu ermöglichen und auch öffentlich als legitim und (über)lebensnotwendig aufzuzeigen. Aber in der Regel bleibt bisher in doppeltem Sinn der Täter der Gewinner: Denn läßt man den Familienverband unangetastet, bleibt ein mißhandeltes Mädchen zu Hause, so bestätigt der Täter, in der Fortsetzung des Unterwerfungsrituals, seine „Überlegenheit" durch Fortsetzung des Mißbrauchs. Geht aber das Mächen, „flieht" es in ein Heim, so steht immer noch *er* als Sieger da, weil er das Territorium gewonnen beziehungsweise behalten hat.

Tatsächlich ist er aber der moralisch und juristisch Unterlegene. Um dies auch auf der so wichtigen realen und symbolischen Ebene des Territoriums klarzustellen, muß *der Täter* automatisch und generell den Tatort Wohnung verlassen; nur so kann auch einem betroffenen Mädchen demonstrativ Recht und Raum gegeben werden – sich selbst gegenüber und gegenüber den anderen Familienangehörigen und allen, die von dem Fall Kenntnis bekommen.

IX. Soziokulturelle Lernziele

„Die Macht der Männer ist die Geduld der Frauen" hieß 1978 das erste Fernsehspiel zum Thema Mißhandlung in der Ehe. Die Geduld der Frauen macht sie zur ewigen Krankenschwester: ihrer Männer, ihrer Familien, des gesamten patriarchalischen Systems. Trotz ungünstiger gesamtgesellschaftlicher Verhältnisse ziehen jedoch immer mehr Frauen den Schwesternkittel aus. Denken wir nur einmal an die Tatsache, daß im Jahr 1960 noch knapp 60 Prozent der Scheidungen von Ehefrauen beantragt wurden, so waren im Jahre 1983 bereits 83 Prozent von den Frauen eingereicht, und die Zahl der Anträge hatte sich auf das Zweieinhalbfache, nämlich 121 000, erhöht.

Nur die Frauen selbst können jenen Kampf führen, mit dem sie der männlichen Hälfte der Menschheit die immense materielle und ökonomische Überlegenheit bestreiten müssen – wenn sie wollen, daß diese nicht mehr für Anpassung und Unterwerfung materielle Belohnungen austeilen kann (zum ökonomischen Gender Gap siehe das UNO-Zitat in der Einleitung).

Und die Männer?

Sie spielen gerne Beschützer – das stärkt ihr falsches Selbstbewußtsein. Sie schützen die Frauen gegen andere Männer. Sie schaffen künstlich-kulturelle Hilflosigkeit der Frauen, um die Macht zum Schützen zu begründen. Statt dessen sollten Männer erst mal wieder lernen, echtes Selbstbewußtsein zu entwickeln – nicht eines, das auf Beherrschung von Frauen, Mädchen und Kindern beruht und auf Unterwerfung von Jüngeren, Schwächeren und künstlich arm, unwissend und abhängig Gehaltenen.

Männer reden gerne von „Pflicht". Um Verantwortung abzugeben, berufen sie sich gerne auf Autoritäten, Führungsbefehle und höhere Weisungen, im besten Falle göttlicher Art.

Sie sollten lieber erst mal lernen, echte Verantwortung zu übernehmen: die Verantwortung für sich selbst. Sie sollten lernen, Grenzen zu setzen: sich selbst. Dann könnte die Welt schon besser aussehen.

X. Forderung

Die Geschichte und Gegenwart der Frauenemanzipation zeigen, daß nur aufgrund von Wissen und Bildung Fortschritte erzielt werden.

Deshalb plädiere ich dafür, daß bei allem Augenmerk für aktuelle sozialwissenschaftliche Forschung auch umfassende kulturanthropologische Studien gefördert werden müssen. Nur mit ihren Ergebnissen können Vor-Urteile und Handlungsmuster gründlich abgebaut werden, wie wir ihnen auch beim Thema „sexuelle Gewalt gegen Mädchen" reichlich begegnen. Und für unsere Vorstellungskraft, mit der wir „Strategien zur Befreiung" suchen, können sich dadurch neue Dimensionen auftun.

Literatur:

Crawley, Ernest, zit. nach Evelyn Reed: *Woman's Evolution from Matriarchal Clan to Patriarchal Family* (New York 1975)

Hartmann, Eduard von: *Moderne Probleme* (Leipzig 1886)

Pfeiffer, John E.: *Aufbruch in die Gegenwart. Frühgeschichte der menschlichen Gesellschaft* (Düsseldorf/ Wien 1981)

Reed, Evelyn: *Woman's Evolution from Matriarchal Clan to Patriarchal Family* (New York 1975)

Zu den hier nur angeschnittenen kulturanthropologischen Themen äußere ich mich ausführlich in meinem Buch *Frauenwelten – Männerwelten. Für eine neue kulturpolitische Bildung* (Leverkusen, 1985).

Der Film von Cristina Perincioli wurde erstmals 1978 im ZDF gesendet. Später folgten Wiederholungen und Ausstrahlungen in TV-Sendern „rund um die Welt".

neqo (Sommer '90)

meine mutter

Es ist kein geheimnis mehr und doch
nicht wirklichkeit
Schatten unter meinen Augen
du schreibst davon, die Wohnung durchzusaugen
von der silbernen Hochzeit deiner Eltern
eine woche nachdem ich es dir
endlich erzählte – daß dein Vater nachts zu mir
kam, meinen körper enteignete
Er tat es auch mit dir erfuhr ich von dir.

Jetzt schickst du mir geschenke
vielleicht weil du nichts anderes sagen kannst
wie du nie etwas sagen konntest
du bist in deinem schweigen ertrunken
Ich habe gelernt zu sprechen.

An meine Mutter

Ich, Deine Tochter, sitze hier mit 30 Jahren und weiß noch immer nicht, wie ich anfangen soll. Wie eh und je habe ich das Gefühl, etwas Schlimmes, etwas, das ich getan habe, beichten zu müssen. Ich schäme mich noch immer für die Schuld eines anderen.

Im letzten Sommer habe ich ihn zur Rede gestellt. Dich und Oma aus der guten Stube geschmissen, damit ich ihm meine Wut und Verachtung ins Gesicht sagen kann. Damals hat mich keine von Euch gefragt – obwohl ich laut wurde, obwohl er laut wurde, obwohl es das ganze Haus gehört haben muß. Ob wohl Eure Ohren vor Angst verschlossen waren?

Opa Walter – ich kann mich sehr gut erinnern, aber dann auch wieder nicht. Manchmal wie ein Film fern auf einer Leinwand. Manchmal ist die Erinnerung wieder so nah, daß sich mir der Magen umdreht. Das erste Mal war ich wohl sieben oder acht. Vielleicht war es auch früher. Aber von da weiß ich noch die Bilder, rieche seinen Atem, fühle das Kratzen seiner Bartstoppeln, das ekelige Glitschen seiner Zunge in meinem Mädchenmund, das Klammern seiner Hände – hart und ohne jede Rücksicht. Das letzte Mal – das kenne ich ganz genau: ein Familienfest. Ich hole Wein aus dem Keller. Er ist alt – glaub ja nicht, daß irgendwann ein Mann ZU alt ist. Er steigt hinter mir her, in den Keller. Wenn ich noch einmal dort stehen würde, könnte ich mit geschlossenen Augen ein Kreuz am Boden machen, wo …

Wenn überhaupt davon die Rede sein kann: An diesem Tag hatte ich Glück. Ich konnte nach den ersten Küssen und Grapschereien seinem Drängen und Drangsalieren entwischen. Die Treppe hoch, schnell verstecken im Bad. (Glaub ja nicht, daß die zu alt werden, die Treppe hochzurennen. Heute nehme ich an, daß ihn die Panik beflügelte, ich könnte mitten in das Familienfest platzen und Euch allen sagen, was für ein Schmutzfink dieser Alte ist.)

Blitzschnell war er da, stellte den Fuß in die Tür, bevor ich zuschließen konnte. Ich hatte Angst vor ihm und Angst, jeden Moment laut loszuschreien. Am Ende des Flurs saß die ganze Familie beim Abendessen – und feierte, war lustig. Mit meinen 14 Jahren stand ich da in einer ausweglosen Situation. Ich zischte ihn an, er solle verschwinden und mich in Ruhe lassen. Meine Güte, das erste Mal, daß ich etwas tat – wenigstens etwas.

Er ermahnte mich, ja nichts zu erzählen. Und ich habe gehorcht. Was hätte ich auch sonst tun sollen?

Zwischen diesen Ereignissen liegen unzählige diffuse Erinnerungen an Betätscheln, Betatschen meines Körpers, das immer mehr als nur eine Bedeutung hatte. Zumindest hatte ich dabei nie das Gefühl der Geborgenheit, das Gefühl, hier bin ich zu Hause, das ich mir von einer Familie erwartet habe. Schon die Blicke haben mich manchmal erniedrigt – die offene Tür zum Bad, an der alle vorbeirennen oder stehenbleiben zum Glotzen.

Niemand aus der Familie war mir damals eine Hilfe. Niemand, an dem ich mich hätte orientieren können. Körperlichkeit, Sexualität, Zärtlichkeiten hatten NIE etwas Klares. Es war immer zweideutig. Wie die Witze, bei denen wir als Kinder rausgeschickt wurden. Ein bißchen Schweinerei schwang immer mit. Aber nie so, daß du den Finger hättest drauflegen können. Es war immer nur so ein Gefühl. Trotzdem nie so deutlich, daß es was zu reden gegeben hätte. Nein. Es war die ganz subtile „sanfte" Weise, mißachtend mit Mädchen und Frauen umzugehen. „Gewöhn dich dran, und zwar schnell. Was besseres findest du nicht." Entschuldigt mit „einem Glas zuviel" durften sie sich so ziemlich alles herausnehmen.

Ich habe in unserer Familie niemanden kennengelernt, der oder die dieses geringschätzende Verhalten ernst nahm. Wie hätte ich jemals darauf hoffen können, mit meinen Erlebnissen ernst genommen zu werden? Zu oft habe ich gehört, daß eine Frau sich „mein Gott noch mal, nicht so haben soll".

Ich habe Dich angesehen und habe geglaubt, daß dies die harte Schule ist, durch die Mädchen durchmüssen, um Frauen zu werden.

Damals hätte ich Dich gebraucht, um leben zu lernen, meine Unbeschwertheit zu bewahren, um Kind sein zu können.

Doch diese Zeit war mit sieben, acht Jahren vorbei. Meinen ersten Kuß, von dem die Mädchen mit 13, 14 schwärmen, konnte ich mir nicht mehr aussuchen. Die Bestimmung über mein Leben war mir für viele Bereiche verwehrt worden. Das hat er getan. Bis ich dann 14 war, hatte ich viel Energie darauf verwandt, ihn mir vom Leib zu halten. Gleichzeitig mußte ich begreifen, daß ich inmitten dieser Familie keinen Schutz finden konnte. Und trotzdem war dies die einzige Familie, die ich hatte.

Ich wollte schnell weg und war schnell weg. Ich bin viel umhergezogen. Sieben Wohnungen in elf Jahren, habe im Ausland gelebt.

Ich trage diese Geschichte mit mir herum. Lange Zeit dachte ich, es ist vorbei, weil ich ihn nicht mehr besuche. Aber das stimmt nicht. Seit vier Jahren denke ich immer wieder nach und spreche darüber. Ich treffe mich mit anderen Frauen, die ähnliches erlebt haben. Das hilft mir, befreit mich von einem Teil des Drucks, den ich fühle. Ich lerne jeden Tag neu und mehr zu leben. Wir haben einen Treffpunkt eingerichtet, helfen anderen Mädchen und Frauen – denn es gibt viele. Ich trete an die Öffentlichkeit auf verschiedene Weise – selten unter meinem richtigen Namen, weil ich nicht wollte, daß jemand aus der Familie davon erfährt. Ja, auch heute schütze ich Euch vor dem Wissen.

Aber das geht nicht mehr. Du mußt es wissen. Dir will ich es erzählen. Du bist meine Mutter. Wohin wir von hier aus gehen können, weiß ich nicht. Vielleicht finden wir einen Weg.

Marlene

Sechs Jahre später

Vor Jahren habe ich Dir von Opa Walter und seinen schamlosen, unverschämten, widerlichen Überfällen auf mich erzählt. Dies sind noch die harmlosesten Bezeichnungen, die ich für das brutale Ausnutzen kindlichen – MEINES kindlichen Vertrauens in Erwachsene finden kann.

Es geht dabei um mich, Deine Tochter. In all diesen Jahren hast Du mich nie wirklich danach gefragt. Deine Botschaft: Das ist lange her, man muß die Dinge auch mal ruhen lassen und vergessen können. Es wäre Dir lieber, wenn ich mit diesem leidigen Thema nicht immer wieder ankommen würde.

Glaub mir, mir wäre es auch lieber, wenn ich mich mit den Erinnerungen und den Folgen nicht herumquälen müßte. Es gibt vieles, woran ich verzweifle, womit ich nicht zurechtkomme. Erinnerungen, manchmal Ahnungen, die mir das Leben vergiften, mir die Freude an der Liebe verderben, mich behindern in Freundschaften, immer wieder mein Mißtrauen gegenüber anderen Menschen anstacheln.

An die meiste Zeit meiner Kindheit kann ich mich gar nicht oder nur vage erinnern. Ein paar Fetzen, einige Bilder, Gefühle, die ich mit Situationen und Geschichten verbinde.

Ich beschäftige mich nun schon so lange mit meiner Geschichte, den Übergriffen auf mich und deren Folgen. Ich kenne so viele Lebensläufe anderer Frauen, kenne deren Reaktionen, deren Probleme mit gleichen, ähnlichen und völlig anderen Mißbrauchserlebnissen.

Heute bin ich sicher, daß Walter nicht der einzige war, der mich als Mädchen mißbraucht hat. Wer der oder die anderen waren, weiß ich noch nicht. Aber da mit dem Alter mein Gedächtnis immer besser wird, werde ich mich früher oder später auch daran erinnern. Das macht mir große Angst. Ich arbeite mich halb zu Tode. Ich bin dann beschäftigt und brauche mir keine Gedanken zu machen – keine Gefahr, daß ich mich erinnere. Schlafen-Essen-Arbeiten-Schlafen-Essen-Arbeiten.

Aber das reicht mir nicht. Mein Leben soll mehr sein als das. Ich habe mich vor Jahren entschieden, daß ich es wissen will. Seitdem geht es mir zunehmend besser. Zumindest, wenn ich den Ausgangspunkt betrachte – der war ziemlich tief. Trotz meiner Angst und trotz meiner Tränen bleibe ich dabei. Ich bleibe auf diesem Weg, kann und will nicht mehr vergessen.

Bei allem, was ich bisher herausgefunden habe, war es nämlich auch immer so, daß es große Erleichterung bedeutete, wenn ich wieder ein Puzzle-Teil entdeckt hatte. So ein kleines Mosaiksteinchen, eine Erklärung, die mir fehlte, um einen Sinn zu finden – gerade dann, wenn ich fast schon wieder glaubte, einfach nur verrückt zu sein.

In meiner Familie zählte mehr das Motto „Augen zu und durch". Um mein Leben jedoch lebenswert zu machen, geht es nur mit Augen auf und durch. Sicher habe ich auch einige Stärken mitbekommen – sonst wäre ich nicht bis hierher gekommen. Dennoch habe ich so vieles vermißt.

Unter einer freundlichen Oberfläche vermißte ich unbedingtes Zur-Seite-Stehen, Schutz und Hilfe. Walter (und wer sonst noch) konnte mich ungehindert vor aller Augen inmitten meiner Familie, die dazu verpflichtet ist, mir als Kind jeden Schutz zu gewähren, ausnutzen.

Viel zu früh war ich erwachsen. Pflegeleicht, würde man heute sagen. Ein Kind zum Vorzeigen mit gutem Benehmen. Zum Glück habe ich auch irgendwo auf dem Weg etwas Egoismus und Rebellion eingesammelt. Das hat mir das Leben erhalten.

Du sagst, Du willst an meinem Leben teilhaben. Gut. Aber ich bin nur ganz zu haben. Es gibt keinen Handel: Sag, daß es dir gutgeht. Aber sag nicht, daß du als Kind sexuell mißbraucht wurdest. Sag nicht, daß du heute mit 36 immer noch versuchst, die Scherben deiner Kindheit zu einem Bild zusammenzukriegen. Sag nicht, daß die Erinnerung noch lebendig ist – jeden Tag.

Keine Kompromisse mehr. Kein Verstecken mehr.

Morgen werde ich meinen nächsten Versuch starten, Hilfe zu bekommen. Ich habe bisher drei Therapieversuche gemacht. Mit jedem Mal wird es schwerer, mich jemandem anzuvertrauen.

Zum Schluß aber entscheide ich immer, mich nicht aufzugeben.

Ich vermute, dieser Brief bringt Enttäuschung, Verletzung und vieles mehr. Dennoch versuche ich heute wie damals, Dir näherzukommen.

Marlene

Diese Briefe entstanden 1984 und 1990. Sie wurden abgeschickt, blieben jedoch unbeantwortet.

Ingrid Lohstöter (1985)

Vom Wert der Familie und der Bedeutungslosigkeit des einzelnen Mädchens

Zur Stellungnahme der Bundesregierung zur sexuellen Gewalt gegen Mädchen

Die Fraktion der Grünen im Bundestag hat am 15. November 1984 die Bundesregierung nach dem Vorkommen und Ausmaß der sexuellen Gewalt gegen Kinder, insbesondere in der Familie, nach den bisherigen Reaktionen der staatlichen Behörden und insbesondere nach Hilfsmöglichkeiten befragt.

Genau zehn Monate hat die Bundesregierung benötigt, um die ca. 100 Fragen in einer Stellungnahme an die Grünen zu beantworten. Nach der Geschäftsordnung soll dies innerhalb von drei Monaten geschehen. Wer nun vielleicht hofft, dieser lange Zeitraum sei ein Anzeichen dafür, daß sich die Bundesregierung besonders gründlich und intensiv mit dieser Problematik auseinandergesetzt hat, wird beim Studium der Antwort schnell eines Besseren belehrt. Hätte eine Studentin im ersten Semester ein solches Werk als Referat abgegeben, wäre sie ganz sicher mit der Note ungenügend nach Hause zurückgeschickt worden. Die vorhandenen nationalen und internationalen Forschungsarbeiten und Untersuchungsergebnisse wurden ebensowenig berücksichtigt wie die inzwischen in der Bundesrepublik erschienene vielfältige Literatur zu dieser Thematik oder gar die Erfahrung der betroffenen Frauen selbst, ganz zu schweigen von Arbeitsergebnissen aus Frauenprojekten. Auch die Ergebnisse eines von der Bundesregierung im Rahmen des Sechsten Jugendberichts selbst in Auftrag gegebenen Gutachtens wurden nicht berücksichtigt. Ein Drittel der Fragen wurde gar nicht beantwortet. Wir trauen den zuständigen

SachbearbeiterInnen der Bundesregierung zu, daß sie immerhin während dieser zehn Monate in Erfahrung bringen konnten, daß es all diese Untersuchungen gibt. Die Tatsache, daß Ergebnisse nicht verwendet wurden und noch nicht einmal eine Auseinandersetzung stattfand, können wir nur dahingehend deuten, daß die Bundesregierung bestimmte Tatsachen und Feststellungen verheimlichen und deren Verbreitung unterdrücken will.

Zusammenfassend können wir sagen, daß die Bundesregierung zwar nicht umhinkommt, zuzugeben, daß sexuelle Gewalt in der Familie gegen Mädchen sehr häufig vorkommt, sich darüber hinaus aber vor allen Dingen darum bemüht, das tatsächliche Ausmaß ebenso wie den Alptraum, den Hunderttausende Mädchen jährlich in der Bundesrepublik erleben, zu verharmlosen und vieles zu verschweigen.

Besonders erschreckend ist, daß die Bundesregierung keinerlei Strategien, Pläne oder Vorstellungen zur Verhinderung dieser sexuellen Gewalt, zur Aufklärung der Öffentlichkeit, insbesondere der Mädchen, oder aber zur Unterstützung und Hilfsmöglichkeiten für Mädchen anbietet.

So geht die Bundesregierung immerhin davon aus, daß jährlich zumindest bis zu 158 835 Kinder in der Bundesrepublik sexuell mißbraucht werden. Sie erkennt an, daß nur ein geringer Bruchteil der Fälle der Polizei überhaupt bekannt wird und geht von einer Dunkelziffer von 1 zu 8 bis 1 zu 15 aus. Die Tatsache, daß es weitaus höhere Dunkelzifferschätzungen von 1 zu 20 bis 1 zu 50 gibt, wird verschwiegen.

Bezeichnend für die Vorgehensweise der Bundesregierung ist, daß gerade die Fälle, die als die gravierendsten angesehen werden müssen, nämlich die sexuellen Übergriffe unter Einsatz massiver körperlicher Gewalt, völlig übergangen werden. Mit keiner Silbe wird erwähnt, daß von den 9 767 Strafanzeigen, die beispielsweise 1984 wegen Vergewaltigung gemäß §177 StGB und wegen sexueller Nötigung gemäß §178 StGB erstattet wurden, zu gut einem Drittel Mädchen betroffen sind. Mit der von der Bundesregierung verwendeten Dunkelziffer hochgerechnet, kommen zu den oben genannten 158 835 Fällen also noch einmal rund 50 000 hinzu.

Auch Delikte gemäß §174 StGB, also Übergriffe an sogenannten Schutzbefohlenen oder an Kindern, die in einem besonderen Abhängigkeitsverhältnis stehen, werden von der Bundesregierung außer acht gelassen.

Die Bundesregierung bestätigt, daß zum überwiegenden Teil – nämlich zu 93% – Mädchen die Opfer dieser Gewalttaten sind. Trotz dieser Erkenntnis wird immer nur von „Kindern" gesprochen und eine Auseinandersetzung mit der Überzeugung von WissenschaftlerInnen aller möglichen Schattierungen, wonach es sich hierbei um ein geschlechtsspezifisches Unterwerfungsritual von Mädchen durch Männer handele, vermieden.

Die Bundesregierung gibt zu, daß es auch im Zeitalter der Computer, wo alles und jedes registriert wird, keinerlei statistische Unterlagen gibt, aus denen sich nähere Einzelheiten zum typischen Vorkommen der sexuellen Übergriffe entnehmen lassen. So läßt sich aus der geltenden Kriminalstatistik beispielsweise nicht entnehmen, ob der sexuelle Mißbrauch innerhalb der Familie oder aber durch Fremde erfolgt.

Immerhin gibt die Bundesregierung aber aufgrund einer Untersuchung des Bundeskriminalamtes, die repräsentativen Charakter hat, zu, daß es sich um Delikte handelt, die vor allen Dingen innerhalb der Familie, des nahen Verwandtschafts- und guten Freundeskreises vorkommen.

Danach sind gut ein Viertel aller Täter Väter und Stiefväter. Weitere 11% sind enge Freunde der Familie und Verwandte wie Schwager, Großvater und Onkel. Ein gutes Drittel sind nahe Bezugspersonen wie Erzieher, Therapeuten und Lehrer. Ein weiteres Drittel sind Bekannte wie Nachbarn oder der Kaufmann um die Ecke.

Lediglich 6% der Täter sind völlig fremd.

Inzwischen gibt es auch Untersuchungen, wonach der Anteil dieser Väter auf 38% oder gar in England auf 57% und 79% geschätzt wird. Es wundert nun niemanden mehr, daß dies natürlich nicht erwähnt wird.

Auch die Binsenweisheit, die von betroffenen Mädchen und Frauen, von Expertinnen und Experten ausnahmslos geteilt wird, wonach es sich in der Regel nicht um einmalige Ausrutscher, sondern um jahrelang andauernde Wiederholungstaten handelt, ist der Bundesregierung nicht bekannt. Eine Statistik ist nicht vorhanden. Immerhin wird eine Untersuchung vage zitiert, wonach es sich lediglich bei 40 bis 69% um einmalige Taten handelt. Auch die Tatsache, daß oft mehrere Geschwister nacheinander oder auch gleichzeitig betroffen sind, ist der Bundesregierung nicht bekannt. Sie antwortet lakonisch: Hierzu liegen keine empirischen Daten vor.

An keiner Stelle dieser sehr häufig gegebenen Antwort wird aber auch nur der Wunsch oder der Wille oder das Erkenntnisinteresse deutlich, künftig für die Erhebung solcher empirischen Daten Sorge zu tragen.

Auf die Frage nach den Gründen und Erklärungen für sexuelle Übergriffe durch die Väter bestätigt die Bundesregierung, daß es keine entsprechenden speziellen psychosexuellen Veranlagungen gibt. Schon im nächsten Satz erwähnt die Bundesregierung aber Alkoholismus des Vaters sowie chronische Krankheiten der Mutter und zeigt hierdurch die Bereitschaft, Väter von ihrer Verantwortung loszusprechen.

Ein absolutes Armutszeugnis ist die Antwort auf die Frage nach dem Täterbild. Außer Angaben zur Nationalität des Täters hat die Bundesregierung hier rein gar nichts zu bieten. Sie verschweigt hiermit, daß es sich bei Männern, die Mädchen sexuelle Gewalt antun, um den sogenannten ganz normalen Durchschnittsmann handelt. Die Täter stammen gleichmäßig aus allen Schichten, sind ebenso häufig glücklich wie unglücklich oder gar nicht verheiratet, arbeitslos wie als Bankdirektor, Polizeibeamter oder Facharbeiter tätig, arm oder reich. Sie sind meistens sehr nett und treten gepflegt und angepaßt auf und vermitteln den Eindruck, keiner Mücke etwas zuleide tun zu können. Und gerade dies ist ja das Bedrohliche, daß all diesen Männern nicht von außen anzusehen ist, zu welchen Brutalitäten sie fähig sind.

Ein wahrer Skandal ist es, daß die Bundesregierung in ihrer Antwort davon spricht, daß in den meisten Fällen gar keine oder nur geringfügige Folgen bleiben. Sie stimmt damit in den Chor derer ein, die Mädchen und Opfer sexueller Gewalttaten nach dem Motto „es ist ja nichts passiert“ die Berechtigung absprechen, sich als Opfer zu bezeichnen und ihnen hierdurch ein weiteres Mal Gewalt antun. Dies zeugt von einer geradezu atemberaubenden Ignoranz und ist Ausdruck eines völligen Desinteresses. (Im Rahmen der Fachtagung berichtete Rosemarie Steinhage eindrücklich über die Folgen sexuellen Mißbrauchs. Die Ergebnisse ihrer langjährigen Arbeit sind inzwischen in einem Buch erschienen: *Sexueller Mißbrauch an Mädchen,* Rowohlt 1989 – Anm. der Hg.)

Dies gilt auch für den folgenden Satz: „Kausalzusammenhänge zwischen dem Mißbrauchserlebnis und psychischen Folgen lassen sich kaum nachweisen, weil eine Vielzahl von weiteren Faktoren, wie zum Beispiel die Stabilität der Persönlichkeit, das soziale Umfeld und andere Lebensereignisse ebenfalls die psychische Entwicklung beeinflussen." Die Feststellung ist so eindeutig falsch. Und wenn auch Frauen und Mädchen als Expertinnen ihrer eigenen Situation und Erlebnisse das Gegenteil berichten – die Bundesregierung will davon offensichtlich nichts wissen. Einzelfallberichte, wonach es mitunter Auswirkungen gäbe, werden zwar erwähnt, gleich aber wieder als Ausnahme abgetan.

Welches das vordringlichste Interesse der Regierung der Wende bei der Beschäftigung mit dieser Problematik ist, wird aus folgenden Zitaten deutlich.

„Eine einseitige Parteinahme zugunsten der Kinder gegen gewalttätige Familienangehörige über die akute Krisensituation hinaus widerspräche dem Konzept einer längerfristigen therapeutischen Unterstützung des gesamten Familiensystems."

„Vielmehr ist neueren Konzepten der Kinderschutzarbeit, die zuerst in den Niederlanden, Großbritannien und in den USA entwickelt worden sind und die den Schutz des Kindes in seiner Familie, nicht den Sorgerechtsentzug und die damit verbundene Heimeinweisung in den Vordergrund ihrer Arbeit stellen, der Vorzug zu geben."

„Die Bundesregierung ist allerdings aufgrund der Erfahrungen in der Kinderschutzarbeit nicht der Auffassung, daß Heimeinweisung und Trennung von der Familie in jedem Fall gute Hilfen für sexuell mißbrauchte Kinder sind."

Im Klartext heißt all dies, daß es die Bundesregierung richtig findet, daß Mädchen im Interesse der Aufrechterhaltung eines formalen Familienverbandes geopfert werden. Die Bundesregierung zeigt, daß ihr die Interessenlage und der Schutz der Mädchen in keiner Weise am Herzen liegen.

Es wäre ja schön und wünschenswert, wenn Mädchen in der Familie beschützt werden könnten. Doch die Tatsache ist gerade, und das wird auch von der Bundesregierung im Prinzip nicht geleugnet, daß in dem größten Teil der Fälle die Väter die Täter sind und in der Familie die größte Gefahr für Mädchen und ihre Entwicklung überhaupt besteht. Wir begrüßen es ja, wenn Mädchen die Möglichkeit haben, mit ihrer „Restfamilie" unter Ausschluß des Mißbrauchers gewaltfrei zu leben. Es ist aber doch klar, daß hierbei der Schutz des Mädchens im Zentrum aller Überlegungen stehen muß. Da es sich um Wiederholungstaten handelt, ist all dies nur möglich, wenn der Vater freiwillig auszieht, sich zu seinen Taten und seinen Problemen bekennt und Verantwortung übernimmt. Die Realität aber ist doch gerade so, daß 95 % der Täter selbst das Prinzip von „Hilfe statt Strafe" dadurch vereiteln, daß sie alles ableugnen und abstreiten und ihre Tochter als Lügnerin und Schlampe diffamieren. In dieser Situation gibt es dann aber keine anderen Alternativen, als gegen den mißbrauchenden Vater mit Zwangsmitteln vorzugehen. Ergreift die Mutter Partei für die Tochter, muß der Vater vom Gericht zum Verlassen der Ehewohnung gezwungen und ihm die elterliche Sorge entzogen werden. Hält die Mutter, wie nur zu oft, zu dem Vater, bleibt keine Wahl, als das Mädchen in eine Wohngemeinschaft oder ein Heim zu bringen.

Überhaupt scheint das Zur-Verfügung-Stellen von Hilfsmöglichkeiten für Mädchen seitens der Bundesregierung keine brennende Notwendigkeit darzustellen. Als Anlaufstellen werden Frauenhäuser und Notrufe für vergewaltigte Frauen genannt. Dies, obwohl der Bundesregierung erstens bekannt ist, daß die Frauenhäuser für erwachsene Frauen bestimmt und häufig überfüllt sind und sie, wie auch viele Landesregierungen, bisher eine finanzielle Absicherung all dieser Projekte abgelehnt hat.

Mit der Tatsache, daß zweitens adäquate Therapieangebote für Mädchen und Frauen nicht vorhanden sind oder aber nicht finanziert werden, setzt sich die Bundesregierung ebensowenig auseinander. Auf eine entsprechende Frage hin verweist sie auf die Einrichtungen der Kinder- und Jugendpsychiatrie und erwähnt hundert stationäre Einrichtungen an Universitätskliniken und Fachabteilungen für Kinder- und Jugendpsychiatrie. Die Mädchen sollen also zusätzlich psychiatrisiert werden. Daß darüber hinaus, selbst wenn entsprechende Mittel beantragt werden, die zuständigen Ärzte und Ärztinnen der Gesundheitsdienste psychiatrische Maßnahmen ablehnen, da keine Schäden mit Krankheitswert festgestellt und die festgestellten deutlichen psychosomatischen Erkrankungen nicht anerkannt werden, interessiert nicht weiter.

Sie geht auch nicht darauf ein, daß – mit zwei Ausnahmen – die Krankenkassen die notwendigen Therapien durch Psychologinnen satzungsgemäß nie finanzieren. Die Tatsache, daß zumindest 50% aller drogenabhängigen jungen Frauen und Mädchen sexuellen Übergriffen ausgesetzt waren, ist der Bundesregierung nicht bekannt, so daß nach ihrer Auffassung auch schon allein deswegen spezielle Therapieangebote nicht erfolgen müssen.

Demnach arbeiten Ermittlungs- und Justizbehörden einwandfrei, sachgerecht und schnell; daß die Fähigkeit, mit Kindern einfühlsam zu sprechen, bestenfalls unterentwickelt ist, daß trotz hoher Aufklärungsquote bestenfalls ein Fünftel aller angezeigten Fälle vor dem Gericht landet und 50% der Gerichtsverfahren länger als ein Jahr dauern, wird verschwiegen. Entsprechende Fragen werden mit lapidaren Begründungen abgetan, beispielsweise: „Im übrigen tragen die Strafverfolgungsbehörden und Gerichte dafür Sorge, daß alle Strafverfahren in einem möglichst kurzen Zeitraum abgeschlossen werden können." Wie beruhigend!

Die Bundesregierung ist der Auffassung, daß in der Ausbildung zu denjenigen pädagogischen und sozialen Berufen, die zur Arbeit mit Kindern befähigen sollen, das Thema „Kindesmißhandlung" bzw. „Gewalt gegen Kinder" ausreichend behandelt werde und meint: „Im Rahmen des Lehrangebotes 'Methoden der Sozialarbeit' werden Kenntnisse über die Gesprächsführung – auch mit Kindern – vermittelt." Daß Sozialarbeiter/innen, Erzieher/innen und Lehrer/innen unisono darüber klagen, daß sie weder in ihrer Ausbildung noch in ihrer Fortbildung je mit der Problematik des sexuellen Mißbrauchs bekannt, geschweige denn vertraut gemacht wurden, scheint die Bundesregierung nicht zu interessieren. Erst recht sieht sie darin keinen Anlaß, Sofortmaßnahmen zur Erweiterung des Ausbildungs- und Fortbildungsangebotes zu ergreifen. Auch mit der Tatsache, daß ja unter dem Stichwort „Kindesmißhandlung" sexueller Mißbrauch jahrzehntelang vergessen und gerade *nicht* behandelt wurde, setzt sich die Bundesregierung lieber nicht auseinander.

Wahrhaft skandalös ist es aber, wenn die Bundesregierung auch angesichts Hunderttausender von Mädchen, die jährlich in der Bundesrepublik einsam und hoffnungslos sexueller Gewalt ausgesetzt sind, eine breitestmögliche und allumfassende Aufklärung ablehnt. Die Angst der Bundesregierung, daß ihr als heilig geltendes Bild der Familie etwas ins Wanken geraten könnte, ist unverkennbar. Anstatt daß die Bundesregierung endlich einmal sagt, was geschehen soll, benennt sie vor allen Dingen Befürchtungen. So darf die Familie nicht generell als Ort sexueller Gewalt dargestellt und dürfen Männer nicht als Täter angeprangert werden. Kinder dürfen nicht grundsätzlich in ihrem Vertrauen erschüttert werden, wenn ein Vertrauensverhältnis besteht und ein Vater dieses eben nicht ausnutzt und mißbraucht. Oder: „Wichtig ist auch das Vertrauen des Kindes zu seinen Eltern, das ihm ermöglicht, von einem sexuellen Erlebnis, gleich welcher Art, zu erzählen ...". Die Tatsache, daß der größte Anteil der Täter Väter und Verwandte sind, hat die Bundesregierung also gleich wieder verdrängt.

Peinlich ist auch, daß die Bundesregierung voller Stolz auf die von der Berliner Polizei 1985 herausgegebene Broschüre *Hab keine Angst* verweist. Nach dieser Broschüre gibt es gute und böse Menschen: „Reden wir erst mal über die guten. Zwei davon sind alte Bekannte. Daß sie gut sind, siehst du daran, daß man sogar Tage nach ihnen benannt hat. Muttertag. Vatertag ... Genauso ist es beim Vater. Auch wenn du ihn viel seltener siehst ... Von allen Erwachsenen sind die Eltern die besten. Sie haben dich lieb. Sie haben sich lieb. Wenn Vater und Mutter sich liebhaben, dann hat das auch mit etwas zu tun, wovon du sicher schon gehört hast, mit Sex. Sex ist immer für zwei. Für Mann und Frau. Aber was macht ein Mann, der keine Frau hat? Er macht sich, wenn er böse ist, an Jungen und Mädchen heran ... Nun sind aber nicht alle guten Erwachsenen so gut zu erkennen wie Vater und Mutter ..." In der ganzen Broschüre taucht nicht der leiseste Hinweis darauf auf, daß sexuelle Übergriffe eben gerade *nicht* durch Fremde, sondern durch die Männer erfolgen, die das Mädchen kennt.

Dies ist nicht nur keine Aufklärung, sondern bestenfalls eine Verklärung von Ehe, Familie und den sozialen Verhältnissen. Wen kümmert es schon, daß da die Realität von Mädchen, für die Gewalt, ständige Angst und Demütigung zum Alltag gehören, ganz anders ist? Die Bundesregierung jedenfalls nicht.

Marion Mebes (1985)

Forderungen

Unsere Forderungen beziehen sich auf alle Bereiche eines Mädchen- und Frauenlebens, insbesondere auf die Bereiche professionalisierter Sozialarbeit und Pädagogik.

Zwar besagen Umfragen unter erwachsenen Frauen, daß jede vierte in ihrer Familie oder deren Bekanntenkreis sexueller Gewalt ausgesetzt war. Jedoch gehen wir mittlerweile davon aus, daß die Dunkelziffer aus unterschiedlichen Gründen so hoch ist, daß wir eher bei der Hälfte aller Frauen, also jeder zweiten Frau, jedem zweiten Mädchen, mit einer sexuellen Gewalterfahrung rechnen.

Unsere Forderungen gehen an KinderärztInnen. Informieren Sie sich gegenseitig und bei uns. Wenn ein Mädchen mit Verletzungen oder Infektionen im Genitalbereich oder anderen erogenen Zonen zu Ihnen kommt, läßt das auf sexuellen Mißbrauch schließen. Gehen Sie dem nach. Räumen Sie auf mit dem Märchen, daß sich Mädchen diese Verletzungen selbst zufügen würden. Das stimmt nicht. Wir wissen, daß sich Mädchen nie über die Schmerzgrenze hinaus Gegenstände in Scheide oder After stecken würden.

Unsere Forderungen gehen an KinderärztInnen, ErzieherInnen: Nehmen Sie Signale, die von Kindern kommen, ernst. Oft sind es die eigenen unverarbeiteten Erfahrungen, die den Blick für die Nöte der Kinder verstellen.

Unsere Forderungen gehen an die institutionelle Sozialarbeit, die Familienfürsorge, Erziehungsberatungsstellen. Auch hier sind geeignete Interventionsformen und viel Mut erforderlich.

Unsere Forderungen gehen an die Teams von Jugendfreizeiteinrichtungen: Oft ist abweichendes Verhalten ein mißverstandenes Signal. Das gilt auch für Schulen, wo die Entwicklung geeigneter Unterrichtseinheiten zur Aufklärung längst überfällig ist.

Unsere Forderungen gehen auch an die Polizei, die in Berlin 1985(!) eine Broschüre mit dem Titel *Hab keine Angst* herausgibt, die weiterhin das Märchen vom bösen fremden Mann auf der Straße verbreitet. *Manchmal* könne es auch ein Mann aus der Familie sein. Nachweislich sind 94% der Täter dem Mädchen bekannt. Wir fordern nicht VERklärendes, sondern AUFklärendes. Diese Broschüre der Berliner Polizei kann nur als skandalös bezeichnet werden. Wir fordern auch, daß die Polizei einen anderen Umgang mit Frauen und Mädchen findet. Was zur Zeit an Vernehmungen stattfindet, kann bis auf wenige Ausnahmen eher als Verhör denn als Gespräch bezeichnet werden. Dabei werden Falschinformationen an Mädchen gegeben, die diese unter Druck setzen, gynäkologische Untersuchungen vornehmen zu lassen, weil ihnen weisgemacht wird, daß dies nötig wäre, um sexuellen Mißbrauch zu beweisen. Das ist nicht richtig.

Wir schließen die Gerichte als Adressaten unserer Forderungen ein. Auch da vermissen wir kinderfreundliche Prozesse mit entsprechendem Beistand für die Mädchen, um eine erneute Traumatisierung nach Möglichkeit zu verhindern. Ein Prozeß ist für ein Mädchen ohnehin eine schlimme Erfahrung. Es ist nicht nötig, daß diese Situation für das Mädchen durch das verständnislose Verhalten und Verfahren der Gerichte verschlimmert wird.

Professionelle Helfer und Helferinnen aus den Bereichen Therapie, psychologischer und psychiatrischer Arbeit und der Justiz sind zum Thema gefordert.

Es gibt zur Zeit keine spezifischen Therapieangebote, die hier und heute Mädchen und Frauen helfen könnten, mit den umfassenden Auswirkungen der erfahrenen sexuellen Gewalt umzugehen.

Wir fordern entsprechende Therapieangebote, die entweder kostenlos bereitgestellt oder aus der Tasche der Täter bezahlt werden.

Für den Drogenbereich besagen amerikanische Zahlen, daß ca. 70 bis 80% der süchtigen Frauen in ihrer Familie sexuell mißbraucht wurden. Das ist eine immense Zahl, und es ist nicht zu hoffen, daß wir in der BRD andere Zahlen ermitteln können. Damit gehen unsere Forderungen an alle Therapeutischen Gemeinschaften und Drogenberatungsstellen. Sexueller Mißbrauch als primäre Problematik und ursächliche Bedingung für Sucht muß berücksichtigt werden, damit die Frauen eine drogenfreie Lebensalternative entwickeln können. Auch hier fehlt es an geeigneten Alternativen. Für die gesamte BRD und West-Berlin gibt es zur Zeit 22 Plätze in Therapeutischen Wohngemeinschaften für Frauen, bei Violetta Clean und der Zwiebel.

All das bedeutet auch, daß das Thema unbedingt in die Ausbildung all der genannten Professionellen gehört.

Unsere weiteren Forderungen sind:

Einrichtung eines Mädchenhauses, das den Mädchen eine Trennung von der Familie ermöglicht, solange der Mißbraucher die Familie nicht verläßt, das ihnen Schutz vor der permanenten Bedrohung bietet, Ruhe von einer Situation, die von sexueller Gewalt bestimmt ist. Mädchen brauchen diesen Raum, Verständnis, Glauben und parteiliche Hilfe. Eine Grundvoraussetzung, um überhaupt etwas erzählen zu können.

Gefordert sind gut betreute Mädchenwohngemeinschaften. Wenn wir wissen, daß im Hamburger Mädchenhaus seit der Eröffnung vor eineinhalb Jahren 137 Mädchen aufgenommen wurden und daß diese Mädchen zum größten Teil nicht wieder in ihre Familie zurückkehren konnten, so sind Wohngemeinschaften schon allein aus diesem Grunde für eine gute Nachbetreuung unerläßlich.

Wir fordern die Veränderung gesetzlicher Vorschriften dahingehend, daß es alleinstehenden Frauen und Frauenwohngemeinschaften ermöglicht wird, kurzfristig Mädchen in Pflege zu nehmen, die aus Mißbrauchsfamilien kommen. Eine Pflegeerlaubnis in diesem Sinne ist zur Zeit nur unter großen Mühen oder gar nicht zu bekommen.

Wir fordern die ausreichende Regelfinanzierung durch einen festen Haushaltstitel für die Beratungsstelle Wildwasser Berlin – möglicherweise auch als Modellprojekt.

Dieser Ruf geht auch an Rita Süßmuth. Wir fordern auch die Förderung und den Aufbau ebensolcher Beratungsstellen in der übrigen Bundesrepublik.

Zugegebenermaßen hört sich das zunächst nach hohen Kosten an. Aber wir wissen, daß unglaublich viel Geld verschleudert wird für die Symptombehandlung in Krankenhäusern, in der Psychiatrie, in Suchttherapien, in Therapien aller Art und durch medikamentöse Behandlung, weil die Ursachen der Symptome nicht erkannt werden.

Wir fordern die Finanzierung *unserer* Arbeit, weil diese an den Ursachen ansetzt. Aus unserer bisherigen Arbeit und den Erfahrungen vieler anderer Frauen wissen wir, daß sich viele Symptome erst gar nicht entwickelten, wenn frühzeitig eingegriffen würde. Das heißt zwangsläufig auch, daß die Kosten für die Symptombehandlung nicht entstehen würden.

Wir orientieren unsere Arbeit nicht am Wunschbild der heilen Familie wie es die Bundesregierung tut, sondern an dem, was wir täglich von Frauen und Mädchen über die Realität der Familien erfahren.

Bei den von uns angesprochenen Berufsgruppen liegt ein Teil der Verantwortung. Einen anderen Teil der Verantwortung tragen Sie und wir alle:

Die Kinder, die wir in die Welt setzen und die uns tagtäglich begegnen, haben ein Recht auf freie Entfaltung. Wir Erwachsenen sind es, die den Kindern Schutz zu gewähren und sie als eigenständige Personen mit eigenen Gefühlen zu respektieren haben. Auf die Frauen kommt es an, daß wir eine sexuelle Selbstbestimmung und Eigenständigkeit unserer Person erreichen und dies unseren Töchtern weitergeben können. Auf die Männer kommt es an, diese Selbstbestimmung von Frauen und Mädchen zu respektieren und genau dies an den Mann neben Euch und an Eure Söhne weiterzugeben.

Unser Interesse und unsere **Strategie der Befreiung** geht dahin, daß sich **Wildwasser** weiter vergrößert und noch mehr solche Gruppen entstehen.

Die Entwicklung in der Bundesrepublik seit Entstehen der ersten Selbsthilfegruppe vor drei Jahren zeigt, wozu betroffene Frauen in der Lage sind, wenn sie sich für ihre eigenen Interessen einsetzen.

Jedes 4. Mädchen
wird durch
Vater, Stiefvater, Onkel
oder eine andere nahestehende Person
sexuell mißbraucht
786 50 17
WILDWASSER
Arbeitsgemeinschaft gegen sexuellen Mißbrauch an Mädchen e.V.
Beratung für Mädchen und Frauen
für Mädchen: Mo bis Fr 10 bis 14 Uhr, Mo und Do 15 bis 17 Uhr
für Frauen: Di und Fr 10 bis 14 Uhr, Mi 16 bis 19 Uhr, Tel.: 786 50 19
Mehringdamm 50 · 1000 Berlin 61 (Kreuzberg)
Nahe U-Bhf. Mehringdamm, Busse 19 und 29
Der Druck dieses Plakates wurde von GOLDRAUSCH und NETZWERK gefördert

M. Survivor (Sommer 1992)

Die Nacht

Hundertfach
wurde mir die Nacht gestohlen.

Ihr Frühlingsduft
ist mir vergiftet.

Die Leichtigkeit der lauen Sommernacht
lastet schwer auf meiner Lust.

Der würzige Herbstduft der gepflügten Erde
könnte mich erregen.
Würde nicht der Raubvogelvater
auf mich herabstürzen
und dem Augenblick der Ahnung vom Leben ein Ende bereiten.

Die kalten Winternächte sind mit Ängsten gespickt,
die wie Eiszapfen mein Herz durchbohren.

Hundertfach
wurde mir die Nacht gestohlen.

Doch ich bin mit diesem Leben noch nicht fertig.
Ich habe noch nicht zu Ende geliebt.
Der Augenblick der Ahnung vom Leben hat mich in einen Bann geschlagen.

Hundertfach werde ich die Nacht zurückerobern, sie in meinen Armen halten.

Sie und dich, meine geliebte Gefährtin.

Barbara Kavemann

Zur Änderung des Sexualstrafrechtes

Stellungnahme zur Anhörung des Bundesratsausschusses für Frauen und Jugend am 4. März 1992 zur Änderung von §§ 175 und 182 StGB

Zur Zeit wird vom zuständigen Ausschuß des Bundesrates auf Antrag des Landes Hamburg die Aufhebung der §§ 175 und 182 StGB diskutiert (siehe Kasten). Der folgende Text nimmt zu einigen Punkten der neuen Gesetzesvorlage Stellung.

Mein Arbeitsbereich ist Forschung und Fortbildung zu Fragen sexueller Gewalt gegen Mädchen und Frauen. Aus dem Katalog von Fragen, die von Ihnen zusammengestellt wurden, wähle ich diejenigen aus, die im Bereich meiner Kompetenzen liegen und vernachlässige rein juristische Fragestellungen. Wenn ich keine anderen Angaben mache, beziehe ich mich auf eigene Forschungsergebnisse im Rahmen der wissenschaftlichen Begleitung des Modellprojektes „Beratungsstelle und Zufluchtswohnung für sexuell mißbrauchte Mädchen 'Wildwasser e.V. Berlin'", in Auftrag gegeben vom BMJFG.

Verwirrend an dem vorliegenden Fragenkatalog ist, daß Fragen zu Tatbeständen sexueller Gewalt gestellt sind, die beiden zur Disposition stehenden Paragraphen 175 und 182 sich jedoch nicht auf Gewalthandlungen beziehen. Einerseits wird isoliert über die Änderung zweier Paragraphen diskutiert, andererseits werden Aspekte einer umfassenden Reform angesprochen, jedoch nicht zur Entscheidung vorbereitet.

Bestrebungen zur *Reform des Sexualstrafrechts* müssen sich zum Ziel setzen, nicht nur einzelne Paragraphen zu streichen oder zu verändern, sondern ein Gesamtkonzept für realitätsangemessene, sinnvolle Straf- und Schutzvorschriften zu entwickeln. Die Vielzahl der unterschiedlichen existierenden Paragraphen suggeriert, daß für Schutz gesorgt sei, ist aber unübersichtlich und reformbedürftig. Nicht die Vermehrung von Paragraphen ist gefordert, sondern mehr Klarheit.

Ein Jugend-Sexualstrafrecht sollte sich unmißverständlich für die *Strafbarkeit aller sexuellen Handlungen gegen den Willen eines Mädchens oder Jungen* bzw. unter Ausnutzung eines Autoritäts- oder Abhängigkeitsverhältnisses aussprechen. Klare Altersgrenzen sind für gesetzliche Regelungen sicherlich erforderlich, wenn sie auch als problematisch anzusehen sind, da die Entwicklung von Kindern und Jugendlichen immer individuell verläuft und von ihren Lebensverhältnissen abhängig ist. Altersgrenzen müssen berücksichtigen, daß jugendliche Mädchen für ihre sexuellen Beziehungen oftmals Gleichaltrige langweilig und Ältere sehr viel spannender finden, weil sie erwarten, daß Ältere erfahrener und weniger unbeholfen sind. Eine Altersgrenze von 16 Jahren, die sexuelle Beziehungen auch von 15jährigen mit 18- oder 20jährigen unter Strafe stellt, ist viel zu eng gefaßt, um der Lebenswirklichkeit von Mädchen gerecht zu werden. Hierdurch werden nicht Mädchen und Jungen geschützt, sondern das Elternrecht wird verstärkt. Es ist zu erwarten, daß Eltern vor allem häufiger gegen unerwünschte *lesbische Beziehungen* ihrer Töchter und *schwule Beziehungen* ihrer Söhne vorgehen werden, als gegen die üblichen heterosexuellen Kontakte, die erfahrungsgemäß in diesem Alter kaum noch je mit rechtlichen Schritten verhindert werden.

Die Einschätzung der Tat muß am *Verhalten des Täters und seiner Beziehung zum Opfer* festgemacht werden und an der schädigenden Auswirkung auf die Jugendlichen. Keinesfalls darf das Verhalten der Jugendlichen Maßstab zur Beurteilung der Tat sein. Begriffe wie *Unreife* oder *Unerfahrenheit* sind ungeeignet und eröffnen alle Möglichkeiten, in einem Strafverfahren den Schwerpunkt auf die Entwicklung und Vorgeschichte der Jugendlichen zu legen. Es wird seit langem gefordert, diese demütigende Befragung vor Gericht zu unterbinden. Jugendliche Mädchen, die über längere Zeit sexueller Gewalt ausgesetzt waren, reagieren oft mit Gleichgültigkeit sich selbst gegenüber und mit einem provozierend wirkenden Verhalten, das alle gängigen

Derzeit geltende Paragraphen:

§ 175 Homosexuelle Handlungen

(1) Ein Mann über 18 Jahre, der sexuelle Handlungen an einem Mann unter 18 Jahren vornimmt oder von einem Mann unter 18 Jahren an sich vornehmen läßt, wird mit Freiheitsstrafe bis zu fünf Jahren oder Geldstrafe bestraft.

§ 176 Sexueller Mißbrauch von Kindern

(1) Wer sexuelle Handlungen an einer Person unter 14 Jahren (Kind) vornimmt oder an sich von dem Kind vornehmen läßt, wird mit Freiheitsstrafe von sechs Monaten bis zu zehn Jahren, in minder schweren Fällen mit Freiheitsstrafe bis zu fünf Jahren oder mit Geldstrafe bestraft.

§ 182 Verführung

(1) Wer ein Mädchen unter 16 Jahren dazu verführt, mit ihm den Beischlaf zu vollziehen, wird mit Freiheitsstrafe bis zu einem Jahr oder mit Geldstrafe bestraft.
(2) Die Tat wird nur auf Antrag verfolgt. Die Verfolgung der Tat ist ausgeschlossen, wenn der Täter die Verführte geheiratet hat.

Referentenentwurf für eine einheitliche, die Paragraphen 175, 182 StGB zusammenfassende Jugendschutzvorschrift:

§ 182 Sexueller Mißbrauch von Jugendlichen

(1) Ein Erwachsener, der eine Person unter 16 Jahren dadurch mißbraucht, daß er unter Ausnutzung ihrer Unreife oder Unerfahrenheit sexuelle Handlungen an ihr vornimmt oder von ihr an sich vornehmen läßt, wird mit Freiheitsstrafe bis zu drei Jahren oder mit Geldstrafe bestraft.

Vorurteile über sogenannte „Lolitas“ zu bestätigen scheint. Werden „Unreife“ und „Unerfahrenheit“ zum Beurteilungskriterium, wird den Mädchen die *Schädigung durch die Gewalterfahrung zum Verhängnis,* da sie weder als unreif noch als unerfahren gelten werden und somit alles, was ihnen weiterhin angetan wird, weniger schwerwiegend bewertet wird. Wir kennen das verbreitete Vorurteil, daß eine Prostituierte nicht vergewaltigt werden könne. Ich befürchte, daß die angestrebte Regelung zur Folge haben wird, daß bereits sexuell mißbrauchte Mädchen nicht mehr vergewaltigt werden können, da sie die geforderte Unerfahrenheit nicht nachweisen können. Die Begriffe „Unreife“ und „Unerfahrenheit“ transportieren einen frauendiskriminierenden Unschuldsbegriff.

Wichtiges Moment eines Jugendschutzes ist es, präventive Arbeit und pädagogisch-therapeutische Unterstützungsangebote zur Bewältigung von Gewalterfahrungen auszubauen, nicht nur strafrechtliche Lösungen zu finden. Das gehört in das oben angesprochene Gesamtkonzept. Auch politische Zeichen müssen gesetzt werden, damit Mädchen in die Lage versetzt werden, an die Existenz eines Rechts auf sexuelle Selbstbestimmung überhaupt zu glauben und dieses Recht wahrnehmen zu können. Zum Beispiel darf nicht nur *außereheliche Vergewaltigung* strafbar sein, sondern die Ehefrau muß rechtlich gleichgestellt werden. Mädchen, die erleben, daß die Mutter legal vergewaltigt werden darf, können nicht lernen, sich gegen intrafamilialen sexuellen Mißbrauch zu wehren, geschweige denn, ihn anzuzeigen. Strafrechtliche Vorschriften müssen die Erkenntnisse der Forschung über sexuelle Gewalt berücksichtigen[1] und zum Beispiel einen *neuen Gewaltbegriff* verwenden, der der abhängigen und ohnmächtigen Situation sexuell mißbrauchter Kinder und Jugendlicher entspricht und sich nicht an Widerstand und körperlicher Gegenwehr orientiert. Untersuchungen aus den USA und der Bundesrepublik[2] zeigen deutlich, wie tief verwurzelt bestimmte *Vorurteile über sexuelle Gewalt* in der Bevölkerung sind und welches Maß an Frauenverachtung hier transportiert wird. Es ist die Sache des Gesetzgebers, diesen Vorurteilen entgegenzuwirken, statt sie zu bestärken. Das gleiche gilt für die Beurteilung von *Homosexualität.* Schützenswert ist die sexuelle Selbstbestimmung, und verurteilenswürdig ist der sexuelle Übergriff, völlig unabhängig davon, ob er heterosexuell oder homosexuell ist. Die in letzter Zeit oft geäußerte Meinung, heterosexuelle Übergriffe auf ein jugendliches Mädchen seien normal und paßten ins Weltbild der Mädchen, die sich ab dem Alter von 14 Jahren darauf einzustellen hätten, daß Beziehungen sexualisiert würden, wogegen homosexuelle Übergriffe auf einen männlichen Jugendlichen nicht normal und deshalb schwer traumatisierend seien und die männliche Jugend von daher stärker geschützt werden müsse, gründen auf einer homophobischen Doppelmoral, die niemanden vor Gewalt schützen will.

Die Verletzung der sexuellen Integrität von Kindern und Jugendlichen hat weitreichende Folgen *nicht nur im psychischen, sondern auch im psychosomatischen und körperlichen Bereich.* Sexueller Mißbrauch beginnt überwiegend im Kindesalter und löst bei Mädchen emotionale Überforderung, Sprachlosigkeit und Verwirrung aus. Die Auswirkungen sexueller Gewalterfahrungen lassen sich keinesfalls zu einer Typologie vereinfachen. Aus der Sicht von Mädchen und Frauen sind Auswirkungen genau benennbar, in den Augen von Gesellschaft und Öffentlichkeit werden die meisten Auswirkungen sexueller Gewalt nicht als solche wahrgenommen, da sie immer dann nicht als „Störungen" gelten, wenn sie reibungslos mit dem Bild *weiblicher Normalität* verschwimmen. In fast allen Fällen sind einige der folgenden *Auswirkungen*[3] zu beobachten:

- *Probleme im zwischenmenschlichen Kontakt,* zum Beispiel Vertrauensprobleme, Ängste vor Berührungen, Ablehnung des eigenen Körpers, Flashbacks in sexuellen Situationen, was empfindliche Einschränkungen für das Erleben von Nähe und Körperkontakt und bei jugendlichen Mädchen für Beziehungen und Sexualität bedeutet.
- verschiedene Formen von *Ängsten und Panik, Schlafstörungen und Alpträumen,* bei Mädchen ab 14 Jahren verstärkt zerstörtes Selbstwertgefühl und Depressivität sowie selbstschädigende Handlungen, wozu auch Suizidversuche und Drogenkonsum zu zählen sind. Die Verletzung der sexuellen Integrität ist ein zentraler Angriff auf die persönliche Identität. Fast immer hinterläßt sexuelle Gewalt das Grundgefühl: „Ich kann meines Lebens nicht sicher sein."

- bei jüngeren Mädchen *altersunangemessenes Verhalten* und sogenanntes sexualisiertes Verhalten.

Die genauen Auswirkungen der Verletzung der sexuellen Integrität werden von Mädchen und Frauen oft nicht mehr im Zusammenhang mit diesen Erfahrungen gesehen; die Übergriffe werden manchmal erst nach langer Zeit wieder erinnert. In diesem Zusammenhang ist darauf hinzuweisen, daß die existierenden *Verjährungsfristen* den Erinnerungs- und Verarbeitungsprozessen keinesfalls gerecht werden und zu kurz bemessen sind.

Eine *ungestörte sexuelle Entwicklung* ist schützenswert und somit auch die Pubertät als wichtige Orientierungsphase, wenn auch angesichts der vielfältigen Beeinflussung durch Normen und Geschlechtsrollenstereotypen im Verlauf der Sozialisation innerhalb von geschlechtsspezifischen Machtverhältnissen kaum von „ungestörter" Entwicklung gesprochen werden kann. Der – gewaltförmige – Übergriff ist jedoch ein manifester, schädigender Eingriff in die Entwicklung und eine tiefe Verletzung der gesamten Persönlichkeit und von daher als besonders schwerwiegend zu bewerten.

Geschützt werden müssen Jugendliche nicht vor Sexualität, vor dem Ausprobieren eigener sexueller Wünsche – im Gegenteil: Sie brauchen Freiräume und eine emanzipatorische, Selbstbestimmung fördernde, frauenfreundliche Sexualinformation. Geschützt werden müssen sie vor Übergriffen und dem *Ausnutzen von Abhängigkeits- und Autoritätsverhältnissen.* Diese Abhängigkeits- und Autoritätsproblematik muß sehr viel weiter gefaßt werden, als das strafrechtlich bislang üblich ist. Taten von Männern, die in einem verwandtschaftlichen Verhältnis zum Mädchen stehen, sind strafrechtlich erfaßt ebenso wie Übergriffe durch Personen, deren Schutz und Betreuung Mädchen anvertraut sind (wie Erzieher). Aber Bekannte, Nachbarn, selbst Ärzte, Therapeuten und andere Personen, die durch ihre bloße Erwachsenenautorität Macht ausüben können, sind nicht benannt.

Ausschlaggebend für die Schädigung eines Kindes durch sexuelle Übergriffe ist weniger die *Art der sexuellen Handlung* und das Ausmaß körperlicher Gewalt als vielmehr die Nähe, die zum Täter besteht, und somit die Intensität des Vertrauensbruchs.

Der *Altersunterschied* ist wichtig, wenn er generationsübergreifend ist, aber nicht ausschließlich von Bedeutung. Sexuelle Übergriffe durch etwa gleichaltrige Jugendliche sind ebenso schädigend wie die durch Erwachsene, wenn sie unter Ausnutzung eines Vertrauens- oder Abhängigkeitsverhältnisses gegen den Willen des Mädchens stattfinden, z.B. wenn es sich um den Bruder handelt oder um den Freund, oder wenn die sexuellen Handlungen von Gleichaltrigen mit Gewalt durchgesetzt werden.

Psychische oder psychosomatische Folgen, die zu lebenslangen Beeinträchtigungen führen können, entstehen durch das Ausnutzen von Vertrauen und Abhängigkeit für die Befriedigung der sexuellen Bedürfnisse einer vertrauten oder geliebten Person oder eines Mächtigeren.[4] Von daher sind sie immer dann zu erwarten, wenn die sexuelle Beziehung durch ein starkes *Ungleichgewicht hinsichtlich gesellschaftlicher Macht,* körperlicher und geistiger Entwicklung und sexueller Erfahrung gekennzeichnet ist, auch wenn keine unmittelbare Gewaltanwendung beobachtbar ist. Abhängigkeit – und hier ist nicht die situative individuelle Abhängigkeit aufgrund von Verliebtheit gemeint, sondern gesellschaftliche Abhängigkeit aufgrund struktureller Gewalt – als Basis der Beziehung ermöglicht keine sexuelle Selbstbestimmung. Ein großer Altersunterschied beinhaltet dieses Abhängigkeitsverhältnis, wenn eine oder einer der beiden noch im Kindes- bzw. im frühen Jugendalter ist. Auch wenn die gesellschaftliche Norm vorschreibt, daß Männer sich jüngere, schwächere, machtlosere Partnerinnen suchen und Frauen größere, stärkere und mächtigere Männer wählen sollen, so ist doch davon auszugehen, daß eine um viele Jahre ältere Person, die sich eine 15jährige bzw. einen 15jährigen aussucht, gezielt ein starkes Macht- und Abhängigkeitsgefälle in der Beziehung sucht.

Obwohl die oben genannten Auswirkungen nur bedingt im Zusammenhang mit der Art der jeweiligen sexuellen Handlung stehen und alle sexuellen Übergriffe als schädigend anzusehen sind, wenn sie gegen den Willen bzw. unter Ausnutzung von Abhängigkeit oder Autorität vorgenommen werden, so ist doch das Eindringen in den Körper ein Übergriff von besonderer Qualität. Vergewaltigungen der unterschiedlichen Art werden von Mädchen in der Regel unter Todesangst erlebt. Wichtig in diesem Zusammenhang ist allerdings, daß andersgeartete Übergriffe im Kontext ebenso in ihrem traumatisierenden Charakter gesehen werden müssen, also nicht nur die *Penetration* als besonders schwerer Fall gilt, neben der andere Übergriffe automatisch zu minderschweren werden. Rechtlich müssen alle Formen der Penetration gleichgestellt werden. Auch muß von Penetration und nicht von Geschlechtsverkehr gesprochen werden, da Penetration nicht nur mit dem Penis, sondern zum Beispiel auch mit Gegenständen erfolgt.

Für den Bereich der *Prostitution minderjähriger Mädchen* liegen bereits Erkenntnisse vor, die zeigen, daß es sich überwiegend um Beschaffungsprostitution drogenabhängiger Mädchen handelt. Diese kommen sehr häufig aus Familien, in denen sie von männlichen Verwandten sexuell mißbraucht wurden. Sie sind aufgrund ihrer Suchtabhängigkeit in einer so verzweifelten Lage, daß sie unter allen Bedingungen ausnutzbar sind, unabhängig von existierenden Strafvorschriften. Aufgrund der spezifischen Lebenssituation minderjähriger Mädchen in der Prostitution haben sich Repressionsmaßnahmen in diesem Bereich nicht bewährt, und die *aufsuchende Sozialarbeit* ist der einzig gangbare Weg zu einer Verbesserung der Situation jugendlicher Prostituierter. Diese Arbeit sollte von juristischer Seite her erleichtert und nicht durch Verschärfung von Strafandrohung gegen Mädchen oder Sozialarbeiterinnen erschwert werden. In diesem Zusammenhang liegt ein Gutachten des Hessischen Fortbildungswerks vor, das Wege für die Begleitung der Mädchen durch Pädagoginnen aufzeigt.[5] Es ist zu prüfen, ob eine Strafandrohung gegen Freier minderjähriger und kindlicher Prostituierter die Nachfrage auf dem Baby-Strich reduzieren kann.

Die Streichung der Paragraphen 175 und 182 ist zu empfehlen. Bereits während der Gültigkeit der obengenannten Paragraphen wählten sich Männer weibliche und männliche Jugendliche als *Sexualobjekte* in so hohem Ausmaß, daß der Wegfall der Strafandrohung hier mit großer Wahrscheinlichkeit keine einschneidende Veränderung herbeiführen wird. Als Täter und Tatverdächtige bei Straftaten gegen die sexuelle Selbstbestimmung treten fast ausschließlich Männer auf.[6] Nach amerikanischen und niederländischen Untersuchungen wird ca. *jedes dritte Mädchen* vor Erreichen des 16. bzw. des 18. Lebensjahres sexuell mißbraucht[7] sowie *jeder achte bis zehnte Junge.*[8] Diese sexuellen Übergriffe kommen in der Regel nicht durch „Umwerbung" zustande, sondern durch Drohung oder Erpressung und das Ausnutzen eines Abhängigkeits- oder Autoritätsverhältnisses und das Ausnutzen von Notlagen. Geeignete Zufluchts- und Beratungseinrichtungen sowie die Verbesserung der psychosozialen und materiellen Lebenssituation von Jugendlichen sind der beste Schutz vor „Umwerbung" ebenso wie vor sexueller Gewalt. Die existierenden Paragraphen erfüllten bisher ihren schützenden Auftrag nicht. Der Paragraph 175 diente somit ausschließlich der Diskriminierung Homosexueller und nicht dem Schutz von männlichen Jugendlichen vor sexueller Gewalt. Paragraph 182 diente der Aufrechterhaltung bestimmter moralischer Werte und Normen wie der Beschränkung von Sexualität auf die Ehe und keineswegs dem Schutz der sexuellen Selbstbestimmung von Mädchen. Alle Veränderungen dieser Gesetzesvorschriften müssen aber den *Schutz der sexuellen Selbstbestimmung von Mädchen und Jungen* zum Ziel haben, unabhängig davon, für welche sexuelle Orientierung diese sich entscheiden.

Anmerkungen

1 Siehe Bericht der wissenschaftlichen Begleitung von „Wildwasser e.V.", Berlin.

2 Kurt Weis: *Die Vergewaltigung und ihre Opfer* (Stuttgart 1982), Collings/Payne: „Attribution of Causal and Moral Responsibility to Victims of Father-Daugther-Incest", in: *Child Abuse and Neglect,* Vol. 15, S. 513-521, 1991.

3 Vgl. Kavemann/ Günther/ Ohl: *Abschlußbericht der wissenschaftlichen Begleitung des Modellprojekts „Wildwasser" Berlin,* vorgelegt beim BMJFG.

4 Vgl. Barbara Kavemann/Ingrid Lohstöter: *Väter als Täter* (Reinbek 1984); Rosemarie Steinhage: *Sexueller Mißbrauch an Mädchen* (Reinbek 1989); Ursula Wirtz: *Seelenmord* (Zürich 1989).

5 Hannelore Häbel: *Erziehungshilfe und Prostitution Minderjähriger –*

Zur Frage der Strafbarkeit von ErzieherInnen, die Minderjährigenprostitution dulden und zum Gegenstand lebensweltorientierter Pädagogik machen, Rechtsgutachten, erstellt für das Hessische Fortbildungswerk für soziale Fachkräfte in Wiesbaden (1991).

6 Vgl. Michael C. Baurmann: *Sexualität, Gewalt und die Folgen für das Opfer, Berichte des Kriminalistischen Instituts* (Wiesbaden 1985).

7 Vgl. Diana Russell: *The Secret Trauma – Incest in the Lives of Girls and Women* (New York 1986) – 38 Prozent aller Mädchen bis zum Alter von 18 Jahren bzw. 28 Prozent bis zum Alter von 14 Jahren wurden mindestens einmal innerhalb und/oder außerhalb ihrer Familie sexuell mißbraucht – und Nel Draijer: *Een lege Plek in mijn Geheugen* (Den Haag 1988) – 34 Prozent aller Mädchen bis zum Alter von 16 Jahren wurden mindestens einmal innerhalb und/oder außerhalb ihrer Familie sexuell mißbraucht.

8 Vgl. Glöer/Schmiedeskamp-Böhler: *Die verlorene Kindheit – Sexuelle Gewalt gegen Jungen* (München 1990).

Vorankündigung

Wildwasser-Leitfaden

zum Aufbau von Selbsthilfegruppen für Frauen, die als Mädchen /Jugendliche sexuelle Gewalt erfahren haben

Dieser Leitfaden entstand aus zehnjähriger Erfahrung in der feministischen Frauen-Selbsthilfearbeit bei Wildwasser Berlin. Die Autorinnen, unter ihnen auch eine Wildwasser-„Gründungsfrau", haben sich in Selbsthilfegruppen mit den sexuellen Gewalterfahrungen in ihrer Kindheit und deren Folgen bewußt konfrontiert. Zahlreiche weitere Selbsthilfegruppen wurden von ihnen professionell angeleitet und begleitet.

Sie möchten mit diesem Leitfaden betroffene Frauen ermutigen, aus ihrer Isolation herauszutreten und gemeinsam mit anderen Frauen Schritte der Aufarbeitung und der Heilung zu wagen – eigenverantwortlich und solidarisch, selbstbestimmt und kompetent. Denn jede Überlebende ist Expertin.

Der Wildwasser-Leitfaden gibt Anregungen zu Aufbau, Arbeitsweisen und Themen von Selbsthilfegruppen. Er enthält zahlreiche Beispiele und Ideen aus der Praxis der Gruppentreffen und will die Chancen einer gemeinsamen Auseinandersetzung darstellen.

Wildwasser-Leitfaden
zum Aufbau von Selbsthilfegruppen für Frauen

Erarbeitet von Evi Striefler unter Mitarbeit
von Martina Birresborn, Dorothea Rula, Lydia Sandrock
Berlin 1992
32 Seiten, 10 Abb.
Schutzgebühr DM 10,-

Der Leitfaden ist ab Januar 1993 gegen Vorauszahlung
zu beziehen über:

Frauenselbsthilfe Wildwasser Berlin
Friesenstraße 6
W-1000 Berlin 61

Quellennachweis

© für die Abb. auf S. 30, 33 und 42 bei Marion Mebes, Berlin
© für die Abb. auf S. 31, 53, 55, 61, 64, 79 und 122 beim Donna Vita Verlag Marion Mebes, Berlin
© für die Abb. auf S. 32, 39, 121 (Illustrationen: Lydia Sandrock) und die Texte auf S. 37f. und 58 bei Wildwasser Berlin
© für den Handzettel auf S. 34f. bei den Initiatorinnen der angekündigten Veranstaltung
© für die Abb. auf S. 36 und 41 bei Northwest Psychological Publishers, Inc. Die Abbildungen sind Bestandteil eines Karten-Sets von Kent R. Caruso, das für die freie Assoziation in der Diagnostik und Therapie mit Mädchen und Jungen in den USA eingesetzt wird.
© für die Abb. auf S. 95 bei Cillie Rentmeister, Berlin
© für die Abb. auf S. 137: Jacky Fleming
Das Copyright der übrigen Texte liegt bei den jeweiligen Autorinnen.

Die Gedichte „Hölle" und „Meine Mutter" erschienen erstmals in:
Namenlos. Schriftenreihe zur Selbsthilfe für Mädchen Frauen Lesben gegen sexuelle Gewalt, hg. von Wildwasser Darmstadt, 1/2 (1992)

Der Beitrag „Stellungnahme zur Anhörung des Bundesratsausschusses für Frauen und Jugend am 4. März 1992 zur Änderung von §§ 175 und 182 StGB" erschien erstmals in:
Blattgold. Termine und Informationen für die Berliner Frauen, Juni 1992.

Die Beiträge:
„Für Mädchen Partei ergreifen"
„Eigenen Barrieren überwinden – Für Mädchen tätig werden"
„Grenzen setzen. Zehn Hinweise aus feministisch-kulturanthropologischer Sicht"
„Vom Wert der Familie und der Bedeutungslosigkeit des einzelnen Mädchens."
„Forderungen"
erschienen erstmals in:
Sexueller Mißbrauch von Mädchen - Strategien zur Befreiung.
Neue Materialien, hg. von „Wildwasser" und Dr. Cillie Rentmeister (Berlin 1985):

© JF

HörCassette

Am Anfang stand der Mut der Verzweiflung

Gitti Hentschel / Claudia Strauven

Frauen trauten sich zu Beginn der 80er Jahre, öffentlich darüber zu reden, daß sie von ihren Vätern, Großvätern oder anderen Verwandten und Bekannten sexuell mißbraucht worden sind.
In diesem Hörbild wird die Entwicklung der letzten 10 Jahre nachgezeichnet.
Zu Wort kommen betroffene Frauen, MitarbeiterInnen von Wildwassergruppen und anderen Beratungsstellen sowie JuristInnen und PolitikerInnen.

Ein Hörbild zum Thema sexueller Mißbrauch

HörCassette (60 Minuten)
ca. DM 20,-

Donna Vita Verlag
Willibald-Alexis-Straße 1
1000 Berlin 61